随筆

希望の創生

地域の未来を拓く智慧

Daisaku Ikeda

池田大作

鳳書院

池田名誉会長夫妻

はじめに

私が中米のキューバを初訪問したのは、一九九六年六月のことです。当時は、キューバによるアメリカ民間機撃墜《げきつい》事件の直後であり、両国の関係は一触即発《いっしょくそくはつ》といっても過言《かごん》ではない緊張《きんちょう》状態にありました。ですから、私の訪問に反対の声が渦巻《うずま》いていたのは、当然といえば当然だったでしょう。

そうしたなかで、あえて文化と教育の交流へ出発する心情を、私は一枚の写真に託《たく》して、キューバの駐日大使にお伝えしました。

それは、前年、ネパールで撮影した一組《ひとくみ》の母子の写真です。家畜《かちく》の飼料《しりょう》のために集めた藁《わら》を背中いっぱいに背負《せお》ったお母さん、そのお母さんをけなげに手伝う娘さんと、寄り添《そ》う可愛《かわい》い坊やです。私が合掌《がっしょう》して「ナマスカール（尊敬する皆さん、こんにちは）！」と挨拶《あいさつ》すると、清々《すがすが》しい笑顔が返ってきました。

その微笑《ほほえ》ましく、麗《うるわ》しい家族を収《おさ》めた一葉《いちよう》を大使にお見せして、私は申し上げました。

「この姿には、詩があり、絵がありました。人間が、親子の情が、生きようとする力《ちから》が、頑張ろうとする心の光が、家庭の光がありました。文学がありました。

物質の次元だけの交流ではなく、その国その国で、本物の人間の実像《じつぞう》にふれる。これが私の国際交流の基本の考えであり、私の誇《ほこ》りです」と。

こうして訪問したキューバでも、心通《こころかよ》う人間と人間の出会いを重《かさ》ねて、新たな友情の橋を懸《か》けることができました。

その十九年後の二〇一五年に、アメリカとキューバの国交が半世紀ぶりに回復した喜びを、私は両国の友人たちと分かち合っております。

いずこの国にあっても、それぞれの地域に根《ね》を張って、懸命《けんめい》に誠実に生き抜く庶民の群像《ぐんぞう》がある。その人々が、社会を担《にな》い、国を支えている。この一人一人に光を当て、そこから発想していくならば、必ず友好の道は開《ひら》かれる——私は、そう信じて行動してきました。

「希望の創生《そうせい》」の劇《げき》は、地域という最も身近《みぢか》にして最も地味《じみ》な舞台から生まれ、広がっていくものでありましょう。


人類史に輝く「希望の創生」というべきイタリア・ルネサンスの偉大な担い手に、未来を見つめる如《ごと》く、瞳《ひとみ》も凛々《りり》しき青年の姿「ダビデ像」を創作した芸術家ミケランジェロがいます。

彼は、彫像《ちょうぞう》を彫《ほ》るのが速かったといいます。「どうしてそういそぐのか。彫り損《そこな》わないか」と問われると、「石の中に埋《う》もれている人が、早く解放してくれと、私に話しかけるのだ」と答えたと伝えられます。*1

いうならば、このルネサンス人は、石の中から、そこにしか存在しない、みずみずしい影像を取り出し、蘇《よみがえ》らせていったのです。まさしく「生命の創生《そうせい》」でした。

近年、謳《うた》われる「地方の創生」もまた、人々が自《みずか》らの生きる歴史と伝統の大地のなかから、そこにのみ内在《ないざい》する生命の力《ちから》を取り出し、蘇らせていく、わが地域のルネサンスに他《ほか》ならないのではないでしょうか。

イタリア・ルネサンスと同じころ、日本でも文化創生運動が興《おこ》りました。それは今日《こんにち》、「室町《むろまち》ルネサンス」と呼ばれています。

この時代に大いなる創造の華《はな》を開《ひら》かせた一人が、地方芸能の猿楽《さるがく》を総合舞台芸術の「能楽《のうがく》」として大成《たいせい》させた世阿弥《ぜあみ》です。

私が対談した英国の世界的な歴史学者アーノルド・J・トインビー博士も、初めて来日した際に最も魅了《みりょう》された日本文化の一つが能《のう》であったと、懐《なつ》かしそうに語られていました。

能が今日まで、約七百年の伝統を受け継《つ》ぎ、発展させることを可能にした源流《げんりゅう》に、世阿弥が残した数々の遺訓《いくん》があります。

その一つが、「離見の見《りけんのけん》」です。

それは、演者が自分を離《はな》れてお客さまの立場で自分の姿を思い描くことです。独《ひと》りよがりの芸を戒《いまし》め、見る側《がわ》の厳しい視点に立って、自身を見つめ直《なお》し、芸を磨《みが》き上げていく——ここに、世阿弥は人間の成長の軌道《きどう》を見たのでした。

確かに、自分を客観視《きゃっかんし》するのは難《むずか》しい。とくに社会の激動《げきどう》と混迷《こんめい》の変革期においてはなおさらです。

ゆえに、この英知の言葉は、「地方の創生《そうせい》」に取り組む私たちに、重要な示唆《しさ》を与えてくれます。

少子高齢化、人口減少など、幾多《いくた》の課題と苦闘《くとう》するなかで、時に、自《みずか》らの地域を客観的《きゃっかんてき》な視点で見つめ、進むべき軌道《きどう》を確認し、再び力強《ちからづよ》く前進を開始する。その労作業が「地方の創生」を確かなものにするのではないでしょうか。

その際、「離見《りけん》の見《けん》」の視点をもたらす何よりの宝《たから》が、私は新聞であると思ってきました。

近年、折々に各紙から寄稿のお話を頂《いただ》き、掲載していただいた一文を、このほど一書にまとめる運びとなりました。

埼玉新聞社、山形新聞社、下野新聞社、四国新聞社、北國新聞社、山陰中央新報社、千葉日報社、毎日新聞社、神戸新聞社、茨城新聞社、西日本新聞社、新日本海新聞社、新潟日報社、徳島新聞社、京都新聞社、

中国新聞社、長崎新聞社、国際通信社IPS、山陽新聞社、ジャパンタイムズ社の関係者の方々に、心より感謝申し上げます。

歴史といっても、一人一人の生きた営《いとな》みの結晶です。時代の趨勢《すうせい》も、そこからしか生まれないでしょう。

今を生きる人間に、鋭《するど》くも温《あたた》かい眼差《まなざ》しを注《そそ》ぎ、正確に記録し、広く伝え残しゆく言論のたゆみない挑戦は、未来を開《ひら》く地域の活力《かつりょく》の源泉《げんせん》です。

先人《せんじん》が残した知識や知恵も、私たちは活字《かつじ》によって学び、次代へと引き継《つ》ぎます。

活字は、過去と現在、現在と未来をつなぎ、人と社会、地域と世界を結《むす》ぶ、かけがえのない存在です。この活字文化を守り、いよいよ興隆《こうりゅう》させていくことが、地域の創生に連動していくことを、私は確信してやみません。
その尊《とうと》き使命を貫《つらぬ》く各紙が、地域と共《とも》に、社会と共に、ますます発展されていくことを、ここに深く祈念しつつ、「はじめに」とさせていただきます。

二〇一六年一月二十六日

池田 大作

＊1　会田雄次『ミケランジェロ――その孤独と栄光――』ＰＨＰ研究所、参照。

◉目次

第二章——文化は人を結《むす》ぶ

※本書の収録に際して一部、加筆・修正されています。
※ふりがな、年代については編集部が付けました。
※引用及び参照箇所には番号を付け、参考文献を明記しました。また、現代表記に改めた箇所もあります。

各章の扉及び本文中の風景写真●著者
識者との会見等の写真●聖教新聞社
カバー写真●©Mitsushi Okada/orion /amanaimages
装幀、本文デザイン・DTP●澤井慶子

第一章

共生《きょうせい》の大地

1995.11　ネパール・カトマンズ市郊外から望むヒマラヤ

ふるさと埼玉から　日本再生《さいせい》の夜明《よあ》けを！

【埼玉新聞】２０１１年1月26日

「宝《たから》の天地《てんち》」埼玉

世界のどんな人との対話でも、たちまちに打ちとけて語り合える話題《わだい》がある。それは、お互《たが》いの「ふるさと」である。自《みずか》らを育《はぐく》んでくれた心の大地に立ち返るとき、人は優《やさ》しく強く豊《ゆた》かになれる。

江戸っ子の私にとって、美しき埼玉の山河《さんが》は、少年の日からの憧《あこが》れであった。戦後の食糧《しょくりょう》の買い出しでお世話になったご恩《おん》も忘れがたい。青春時代から足繁《あししげ》く通《かよ》って、信頼できる友人がたくさんいる埼玉は、わがふるさとに等しい宝《たから》の天地だ。

埼玉県が誕生《たんじょう》したのは、一八七一年（明治四年）十一月十四日。今年（二〇一一年）は、百四十周年という晴れの佳節《かせつ》を迎える。

振《ふ》り返れば、県の発足《ほっそく》七十周年には、あの忌《い》まわしい太平洋戦争が勃発《ぼっぱつ》した。埼玉からも、どれほど多くの未来ある青年が戦場に奪《うば》われていったことか。

わが家《や》も、働き盛《ざか》りの四人の兄が次々に徴兵《ちょうへい》され、長兄《ちょうけい》は戦死した。家《いえ》も焼夷弾《しょういだん》の直撃《ちょくげき》を受けて焼け出された。父と母の悲しみはあまりにも深かった。

やっと戦争が終わり、一九四五年（昭和二十年）の八月十五日、敗戦のラジオ放送を聞いた私は、十七歳であった。

やりきれぬ思いで、若き胸に刻《きざ》みつけた歴史がある。それは終戦の日のまさに前日、八月十四日深夜《しんや》、熊谷《くまがや》市に襲《おそ》いかかった爆撃《ばくげき》である。日本に対する、この最後の大空襲では、一万五千三百九十人が被災《ひさい》し、被害は市街地の七十四パーセントに及《およ》んだ。無念さ、悔《くや》しさは、いかばかりであったか。

戦争はどこまでも残酷《ざんこく》である。戦後、私は、足かけ三年間、埼玉県に通《かよ》い、市井《しせい》の友と生命尊厳《そんげん》の哲学を学び合った。その私たちの胸には、戦争への怒《いか》りと、平和への決意が燃《も》えていた。

先人《せんじん》から受け継《つ》ぐ「創造の光」

川越《かわごえ》市は、島崎藤村《しまざきとうそん》の名作『夜明《よあ》け前』が書き上げられた地でもある。今も長引く不況《ふきょう》で〝夜明け前〟の深い闇《やみ》のような時代が続いている。だからこそ、思い起こしたい藤村の言葉がある。

「誰《だれ》でも太陽であり得る。わたしたちの急務《きゅうむ》はただただ眼《め》の前の太陽を追いかけることではなくて、自分等《ら》の内部《なか》に高く太陽を掲《かか》げることだ[*1]」

夜明けの太陽は、遠くに求めるものではない。本来、自分の心の中にあるものだ。そしてまた、一番身近《みぢか》な「ふるさと」から、明々《あかあか》と輝かせていけるものではないだろうか。

私たちは、埼玉の先人《せんじん》が輝かせ続けてきた創造の光を忘れてはなるまい。皆から愛される埼玉の銘菓《めいか》「草加《そうか》せんべい」の淵源《えんげん》は、その昔、農家の人が余《あま》ったお米から作った保存食《ほぞんしょく》にあったといわれる。やがて江戸期には宿《しゅく》場《ば》で商《あきな》われ、街道をゆく人々の旅の友となった。

川口《かわぐち》市の安行《あんぎょう》の「植木《うえき》」は、三百五十年以上の歴史を持つ。元祖とされる吉田権之丞《よしだごんのじょう》が、明暦《めいれき》の江戸大火《たいか》（一六五七年）の後、被災《ひさい》した町に植木や草花を供給《きょうきゅう》したのが始まりと聞く。

「埼玉あっての東京」とは私の持論《じろん》である。焼け野原の江戸に希望を贈ってくれたのも、埼玉の植木であった。二〇〇二年（平成十四年）には、世界最高峰《さいこうほう》の国際園芸博覧会《えんげいはくらんかい》で「川口産《さん》」の作品が金・銀・銅賞を独占《どくせん》したことも、記憶に新しい。

思い出深き東京オリンピックの聖火が灯《とも》されたのは、埼玉で造《つく》られた鋳《い》物製《ものせい》の聖火台であった。その栄光を胸に、時代とともに技術を向上させ、進化を遂《と》げてきた。今や「ＫＡＷＡＧＵＣＨＩ　ｉ－ｍｏｎｏ（川口いいもの）」とブランド化され、欧米へも市場が広がっている。

このほか、春を彩《いろど》る、さいたま市（岩槻《いわつき》）、鴻巣《こうのす》市、越谷《こしがや》市に代表される「ひな人形」は全国一の出荷額を誇《ほこ》り、春日部《かすかべ》市の「桐《きり》たんす」は国から伝統的工芸品《こうげいひん》に指定されている。

いずれも、郷土愛《きょうどあい》に育《はぐく》まれた創造性あふれる文化の宝《たから》といってよい。

そもそも、奈良時代を代表する貨幣《かへい》・和同開珎《わどうかいちん》は、秩父《ちちぶ》から産出した純度《じゅんど》の高い銅によって鋳造《ちゅうぞう》された。いわば、日本のマネー「円」の大いなる源流《げんりゅう》は埼玉である。

埼玉には、中小企業で懸命《けんめい》に奮闘《ふんとう》する、私の敬愛《けいあい》する友人も多い。厳《きび》しき経済状況のなか、揺《ゆ》るぎなき金剛《こんごう》の柱《はしら》として、一段と強く創造の活力《かつりょく》を増していかれることを、私も真剣に祈る日々である。

「郷土愛《きょうどあい》」から 心の連帯を

本年（二〇一一年）の年頭、新聞各紙は「日本の再生《さいせい》」をテーマに、さまざまな論調《ろんちょう》を掲《かか》げた。

経済情勢《じょうせい》の変化や少子高齢化の波を受けて、新たな日本をいかに築いていくか、正念場《しょうねんば》を迎えている。そのなかで、地に足をつけた論陣《ろんじん》がひときわ冴《さ》えていたのが、埼玉新聞の年頭所感《しょかん》「再創造へ 埼玉から発信」であった。

そこでは、近年、いわゆる「埼玉都民《とみん》二世」が急速に台頭《たいとう》していることが指摘《してき》されている。すなわち「生まれてからずっと埼玉で過《す》ごし、今も埼玉を拠点《きょてん》に仕事や生活をする」世代である。

この世代が、ふるさと埼玉の「再創造」の力《ちから》となり、「埼玉に住んで良かった」と誇《ほこ》りを持てる県民を増やしていこうとのビジョンを示されている。私は深く感銘《かんめい》した。

幸福の泉《いずみ》は、足元《あしもと》にある。

信頼の根《ね》は、近隣《きんりん》にある。

発展の源《みなもと》は、地域にある。

「創価《そうか》教育」の創始者《そうししゃ》であった牧口常三郎《まきぐちつねさぶろう》先生も、「郷土愛《きょうどあい》」に着目《ちゃくもく》していた。

つまり、一人の人間は、身近《みぢか》な地域に根差《ねざ》す「郷土民」であると同時に、国家に属する「国民」であり、さらに世界を人生の舞台とする「世界民（世界市民）」であると主張した。[*2] そして「郷土愛」を大いに伸《の》ばし、「社会のため」「国家のため」「人類のため」に尽力《じんりょく》する人材を育てる教育を実践《じっせん》していった。

それゆえに、国民に「偏狭《へんきょう》な愛国心」を植え付けて戦火《せんか》を拡大する軍部政府とは、断固《だんこ》と対峙《たいじ》し、獄死《ごくし》したのである。

生前《せいぜん》、日本民俗学《みんぞくがく》の大家《たいか》・柳田國男《やなぎたくにお》氏らと共《とも》に現在の新座市《にいざ》を訪《おとず》れ、「野火止用水《のびどめようすい》」の利用状況の調査を行《おこな》ったという逸話《いつわ》もある。一行《いっこう》は一夜、農家で歓談《かんだん》し、美しい梅林も観賞《かんしょう》したようだ。

牧口《まきぐち》先生は埼玉県と同じ一八七一年（明治四年）の生まれで、今年（二〇一一年）が生誕《せいたん》百四十周年である。その志《こころざし》を受け継《つ》ぐ青年たちは、日本をはじめ世界百九十二カ国・地域で、誠実に社会貢献《こうけん》の活動を繰《く》り広げている。

ゆかりの新座市、また戸田《とだ》市、蕨《わらび》市、富士見《ふじみ》市、さいたま市などでも、有志《ゆうし》が「よさこいソーラン節《ぶし》」で地元の祭りを盛《も》り上げたり、ゴミゼロの清掃運動を進めたりなど、愛する郷土《きょうど》に潑剌《はつらつ》と貢献を積《つ》み重《かさ》ねてきた。

現代は、「無縁《むえん》社会」と言われるように、かけがえのない人間の絆《きずな》が失われつつある。弾《はず》む青年たちの郷土愛をバネとして、地域のために、皆が智慧《ちえ》を出し、力《ちから》を合わせていくなかで、新たな「ふるさと」の心の連帯が広がるに違いない。

人との交流で輝ける「彩《さい》の国」に

「人間の生活においては、至高《しこう》の善《ぜん》は人との交情《こうじょう》である*3」とは、私が共《とも》に対談集を発刊した、イギリスの大歴史家トインビー博士の信条であった。

博士が〝世界市民〟と讃《たた》え、大著《たいちょ》『歴史の研究』の日本語全訳を託《たく》した人物こそ、埼玉をふるさとの如《ごと》く愛した二十世紀の電力王《でんりょくおう》、松永安左ェ門翁《まつながやすざえもんおう》である。所沢《ところざわ》と新座に茶室を構《かま》えた茶人でもあった。名門・慶應義塾志木高《けいおうぎじゅくしき》校の広大な敷地《しきち》を寄贈《きぞう》した事蹟《じせき》も、知られるところだ。

松永翁は達観《たっかん》していた。

「要《よう》は創意《そうい》と工夫《くふう》、努力と熱《ねつ》で新しい環境をつくりあげることである」「マンパワーの開発が先決《せんけつ》*4」である、と。

このマンパワー（人材の力《ちから》）も、地域に根差《ねざ》した、顔の見える交流のなかでこそ、新たに見出《みいだ》され、より強力に開発されていくものであろう。

春日部《かすかべ》の婦人で、長年、老人ホームの慰問《いもん》を続け、現在は福祉ボランティア団体の会長として活躍されている方がいる。小さな一歩から始めた活動が、今では市内の小・中学校、高校でも福祉の授業を担当し、障《しょう》がい者《しゃ》の介助《かいじょ》の仕方を教えるまでに発展。触発《しょくはつ》された生徒も「困《こま》っている人に手を貸したい」と大きく変わっていったと伺《うかが》った。

私の胸には、埼玉が生んだ近代歌人《きんだいかじん》・三ケ島葭子《みかじまよしこ》さんの言葉が響《ひび》いてくる。「出来《でき》る所《ところ》から始めよう。足のあるところから歩き始めよう」*5

まず、わが地域に勇気の一歩を踏《ふ》み出すことだ。まず、わが近隣《きんりん》の一人と誠実に対話することだ。「世界の平和」と「人類の幸福」への確かな貢献《こうけん》は、今ここから始めることができる。

トインビー博士と対談（1973.5　イギリス・ロンドン）

もう四十年近く前（一九七三年）、私は上尾《あげお》運動公園を訪《たず》ねて、友と語り合ったことがある。

――かつて、利根川《とねがわ》の治水《ちすい》の大事業も、親子三代《さんだい》にわたる尊《とうと》き農民の力《ちから》で成し遂《と》げられてきた。我らも二代、三代かけて、偉大な歴史を残していこう、と。

「彩《さい》の国《くに》」の輝きは、人から人へ、信じ託《たく》されてきた命《いのち》の輝きであろう。

今、さいたま市を中心に、音楽・スポーツなど、若者文化が生き生きと発信されている。青年を糾合《きゅうごう》しながら躍進《やくしん》する、新時代のふるさとが埼玉だ。

このふるさと埼玉の光彩《こうさい》が、日本再生《さいせい》の夜明《よあ》けを告《つ》げゆくことを、私は信じてやまない。

＊1　島崎藤村『春を待ちつつ』アルス
＊2　『人生地理学』、『牧口常三郎全集1』第三文明社
＊3　A・J・トインビー『回想録1』山口光朔・増田英夫訳、社会思想社
＊4　『松永安左エ門著作集1』五月書房
＊5　三ケ島葭子著、倉片みなみ編『三ケ島葭子日記　下』至芸出版社

「新しき時代」を「新しき力《ちから》」で！

【埼玉新聞】2013年3月6日

私は「埼玉」という地名のロマンあふれる響《ひび》きが好きです。

埼玉の「埼《さい》」は、彩《いろど》りの「彩《さい》」だけでなく、豊《ゆた》かな才能の「才《さい》」にも、第一を意味する「最《さい》」にも通じます。

また、埼玉の「玉《たま》」という字には、「王《おう》」という意味もあります。日本全国の都道府県の名前で、「王」の字が輝いているのは、埼玉だけです。

思えば、県名の発祥地《はっしょうち》である行田《ぎょうだ》市埼玉《さきたま》で発掘《はっくつ》された国宝の剣《つるぎ》「金錯銘《きんさくめい》鉄剣《てっけん》」には、金文字で「王」の名が刻《きざ》まれていました。

仏典《ぶってん》では、「王」の文字の象形《しょうけい》に寄せて、ヨコに走る三本の線は「天」と「地」と「人」を表《あらわ》し、この三つを貫《つらぬ》いて少しも揺《ゆ》るがないことを「王」という、と説かれています。

まさしく埼玉は、天にも地にも、そして人にも、王者の風格《ふうかく》が薫《かお》ります。

若き日から私は、今のさいたま市をはじめ、上尾《あげお》、朝霞《あさか》、入間《いるま》、川口《かわぐち》、川越《かわごえ》、加須《かぞ》、行田《ぎょうだ》、熊谷《くまがや》、所沢《ところざわ》、戸田《とだ》、日高《ひだか》、三郷《みさと》など、埼玉の天地を幾度《いくど》も訪《おとず》れ、誠実な友人たちと語り合い、苦楽《くらく》を分かち合ってきました。いかなる逆境《ぎゃっきょう》にも揺るがぬ「彩《さい》の国《くに》の人間王者」との友情を、六十星霜《せいそう》を超《こ》えて、わが人生の宝《たから》としています。

〝緑と清流〟の郷土《きょうど》から輩出《はいしゅつ》される俊英《しゅんえい》たち

戦後経済の混乱期、二十代の私は、窮地《きゅうち》に陥《おちい》った恩師の事業の打開のため、埼玉を奔走《ほんそう》したこともあります。悪戦苦闘《あくせんくとう》のなか、満天の星座の光彩《こうさい》や、緑の大地を潤《うるお》す川の流れに、どれほど心を癒《いや》され、鼓舞《こぶ》されたことでしょうか。

埼玉の河川《かせん》は、県土《けんど》に占《し》める割合が全国一。鴻巣《こうのす》市と吉見町《よしみまち》の間《あいだ》を流れる荒川《あらかわ》の川幅《かわはば》も、日本一です。

河川が人の情操《じょうそう》に与える影響《えいきょう》を「堅忍不抜《けんにんふばつ》」「孜々《しし》として休まざること」「気宇《きう》の広濶《こうかつ》」「度量《どりょう》の雄大」*1と論じた地理学の先哲《せんてつ》がおります。

我らの埼玉に、海はなくとも、若き魂《たましい》を励ます清々《すがすが》しい水辺《みずべ》の空間が広がっていることは、大きな強みです。

昨夏のロンドン五輪（二〇一二年七月〜八月）の大舞台では、見事、メダルを勝ち取った埼玉育ちの若き俊英《しゅんえい》たちに、世界が喝采《かっさい》を送りました。この埼玉から、いやまして、あらゆる分野に青春の挑戦王が躍《おど》り出ることを、私は確信してやみません。

失敗と挫折《ざせつ》が 不屈《ふくつ》の勇気育《はぐく》む

二十四歳で史上初のエベレスト秋季登頂《とうちょう》を達成した登山家の加藤保男《かとうやすお》青年も、大宮《おおみや》の出身です。

凍傷《とうしょう》で手足の指を失う苦難《くなん》にも屈《くっ》せず、執念《しゅうねん》の挑戦を続けました。三度目であり最後となったエベレストへの途次《とじ》、日本の中学生へ「苦しければ苦しい程《ほど》 喜びは大きいはずだ 皆も 受験 頑張《がんば》れ」と激励を綴《つづ》り贈ったエピソードも知られています。

青春は、失敗や挫折《ざせつ》との戦いでもあります。しかし、思うようにいかない時も、後ろを振《ふ》り向かず、聳《そび》え立つ最高峰を目指《めざ》し、再び前へ一歩を踏《ふ》み出す不屈《ふくつ》の勇気が、青年にはあります。その勇気を引き出す、温《あたた》かく懐《ふところ》の深いエールを、家庭も学校も地域社会も、一段と贈っていきたいものです。

十八年前（一九九五年）、釈尊《しゃくそん》の生誕《せいたん》の国ネパールで、首都カトマンズ郊外

の村の可愛《かわい》い子どもたちと一緒に、ヒマラヤ連峰《れんぽう》を見つめた思い出がありま
す。
私は親しみを込《こ》め語りかけました。
「釈尊は、偉大なヒマラヤを見て育ちました。あの山々のような人間にな
ろうと頑張ったのです。堂々と聳える勝利の人へと自分を作り上げました。
皆さんも同じです。必ず偉大な人になれるのです」と。
当時、出会いを結《むす》んだ少年少女たちが、今、立派に成長し、社会へ、世
界へ羽ばたいて大活躍している近況《きんきょう》を、先日も嬉《うれ》しく伺《うかが》いました。

「希望」を開き「未来」を創《つく》る若き命《いのち》

仰《あお》ぎ見る模範《もはん》を持ち、目標を持った若き命《いのち》はグングンと伸《の》びていきます。
埼玉県では、小学生の夢を支援するために、各分野のプロフェッショナ

ルとふれあい学べる「青少年 夢のかけはし事業」が行《おこな》われています。

さらに、十代、二十代の優秀な技能者を讃《たた》える「彩《さい》の国《くに》青年マイスター表彰」「さいたま国際青年マイスター表彰」なども推進されています。

私が共《とも》に対談集を発刊したモスクワ大学のサドーヴニチィ総長も、埼玉を訪《おとず》れ、英邁《えいまい》な青年たちとの交流を心から喜ばれていました。高名《こうめい》な数学者である総長は、青春時代、炭鉱《たんこう》で働きながら学び抜かれた苦労人です。埼玉の若人《わこうど》の輪に勇《いさ》んで飛び込《こ》んだ総長の第一声は、ロシア語で「コレーギ（同僚《どうりょう》よ）！」という呼びかけでした。

青年を、かけがえのない同僚・同志として敬愛《けいあい》し、共に学び、力《ちから》を出し合っていく。そこにこそ、何ものにも勝《まさ》る「希望」の開発があり、「未来」の創造があるのではないでしょうか。

ネパールの子どもたちと（1995.11　カトマンズ市郊外）

屈指《くっし》の生産県〝メード・イン埼玉〟ブランド

「この広い世界に／たった一つ！／俺でなければ誰《だれ》にも出来《でき》ないしごとがある」*2――こう胸を張ったのは二十一歳の年に日本最初の農民詩集『野良《のら》に叫《さけ》ぶ』を刊行した、現在の富士見《ふじみ》市生まれの詩人・渋谷定輔《しぶやていすけ》氏です。この自《みずか》らの使命に生き抜く人間王者の誇《ほこ》りと喜びを、次の世代へ生き生きと伝え、託《たく》していきたいものです。

埼玉は実《みの》りの大地です。わが家も、戦後の厳《きび》しい食糧難《しょくりょうなん》の時、飯能《はんのう》に住む次兄《じけい》の友人から、快《こころよ》く米や野菜を分けていただいた大恩《だいおん》があります。近年、都市化が進むなかでも、農産物の産出額でも屈指《くっし》の宝土《ほうど》であり、若き営農者《えいのうしゃ》たちのみずみずしい創意工夫《そういくふう》も活発です。ユリ（切花《きりばな》）・パンジー（苗《なえ》）の出荷量も全国のトップです。

花言葉は、ユリが「飾《かざ》らぬ美」、パンジーは「心の平和」。私と妻の知る埼玉の女性たちも、飾らぬ美しい人柄《ひとがら》で、「心の平和」を広げています。

埼玉県は、ひな人形などの伝統工芸の匠《たくみ》の技《わざ》でも、日本一です。

また、妙《たえ》なる音色《ねいろ》を奏《かな》でるフルートのメーカーが、所沢《ところざわ》市、狭山《さやま》市、朝霞《あさか》市、坂戸《さかど》市、滑川町《なめがわまち》、三芳町《みよしまち》などにあり、実《じつ》に世界の演奏家の七割が〝メード・イン埼玉〟を愛用するという「笛《ふえ》の都《みやこ》」でもあると伺《うかが》いました。

身近《みぢか》な町工場にも、世界の最高水準の技術が光っています。

さらに、優《すぐ》れた地場産品《じばさんぴん》を認定する「彩《さい》の国優良《くにゆうりょう》ブランド」や、越谷《こしがや》市、狭山市、八潮《やしお》市、伊奈町《いなまち》などの地域ブランドは、〝オンリー・ワン〟を育成する取り組みとして注目されます。

安全・安心の砦《とりで》から　世界の希望都市へ

あの東日本大震災（二〇一一年）から二年――。埼玉県でも、多くの方々が避難《ひなん》生活を続けておられます。あらためて心よりお見舞《みま》い申し上げるとともに、一日も早い、ふるさとの復興《ふっこう》を願ってやみません。

埼玉は、東北、さらに首都圏《しゅとけん》全体にとっても、かけがえのない安全・安心の砦《とりで》の存在です。

春日部《かすかべ》市の地下には、世界最大級の洪水《こうずい》防止施設である「首都圏外郭放《がいかくほう》水路《すいろ》」が建設され、首都の水害を防《ふせ》いでくれています。

震災後の防災意識の高まりのなかで、一つの共通した結論があります。それは、青年力を高めることこそ、未来を確実に守る一手《いって》なりということです。

わが信頼する埼玉の青年たちも、東北の被災地《ひさいち》の復興支援とともに、県下の全域で防災・減災《げんさい》に積極果敢《かかん》に取り組んでいます。入間《いるま》市、幸手《さって》市、草《そう》加《か》市、新座《にいざ》市、蓮田《はすだ》市、東秩父村《ひがしちちぶむら》など各地で消防団を担《にな》い、「火の用心」を訴《うった》える等々、若いスクラムで地域に貢献《こうけん》している様子も、頼《たの》もしい限りです。

日本の近代経済の父・渋沢栄一翁《しぶさわえいいちおう》（現・深谷《ふかや》市出身）は、「新しき時代」には

「新しき人物」の養成《ようせい》を、と叫《さけ》ばれました。

「青春王者の天地」埼玉から湧《わ》き起こる新しき力《ちから》が、新しき時代を創《つく》る。我らの愛する埼玉が、世界の希望都市「ＳＡＩＴＡＭＡ」へと飛翔《ひしょう》する時が到来《とうらい》しています。

＊1　『人生地理学』、『牧口常三郎全集1』第三文明社
＊2　渋谷定輔『野良に叫ぶ』萬生閣

山形に最上《さいじょう》の未来を

【山形新聞】2014年9月23日

川は生きている。

たゆまず大地を潤《うるお》し、豊《ゆた》かな命《いのち》を育《はぐく》む。尽《つ》きせぬ恵《めぐ》みのゆえに「母なる川」と慕《した》われる最上川《もがみがわ》の流域には、山形県の人口の八割の方々が暮《く》らされている。

私たちの青年期の必読書『三太郎の日記』の作者である旧松山町《まつやままち》（現・酒田市《さかたし》）出身の阿部次郎翁《おう》は綴《つづ》った。

最上川と平野は、鳥海山《ちょうかいさん》や月山《がっさん》とともに「幼《おさな》い私の魂《たましい》をその懐《ふところ》の中に育てくれたのである」[*1]と。

その心通《こころかよ》う友人で、上山《かみのやま》市生まれの歌人・斎藤茂吉《もきち》翁は詠《うた》った。

「最上川逆白波《さかしらなみ》のたつまでにふぶくゆふべとなりにけるかも」[*2]

厳冬期《げんとうき》、烈風《れっぷう》に白波を立ててなお流れゆく最上川。その姿は、空襲で家を焼かれ、食糧難《しょくりょうなん》、病苦など運命の嵐《あらし》と戦い、創作に打ち込《こ》んだ歌人の心を、いつも勇気づけてくれたのであろう。

川は流れ続ける。そして人を励まし続ける。川に育まれた人もまた、人を励ましてやまない。

東日本大震災（二〇一一年）で被災《ひさい》した宮城県の友が、故郷《こきょう》の山形県に帰省した折、温《あたた》かく迎えてくれた旧友に、しみじみ語ったという。

一番苦しい時、山形から届けられたおむすびに、どれほど生きる力《ちから》をもらったことか、と。

山形の方々は、今も変わらず、被災地《ひさいち》の命《いのち》に寄《よ》り添《そ》っておられる。

明治時代、英国の作家イザベラ・バードが「理想郷《アルカディア》」を見出《みいだ》した山形の農村風景。その家々には果樹《かじゅ》が植えられていた。それは、米沢藩《よねざわはん》が救荒《きゅうこう》作物として奨励《しょうれい》してきた名残《なごり》であったという。

品種も豊富《ほうふ》な果樹王国・山形の源流《げんりゅう》は、災害に備《そな》えて、命を守り抜かんとする知恵と努力と連帯にあった。

試練にも勇敢《ゆうかん》に立ち向かい、皆と苦楽《くらく》を分かち合う人生ほど尊《とうと》く強いものはない。喝采《かっさい》など浴《あ》びなくとも、これこそ最高無上《むじょう》の生き方ではないだろうか。

民衆の宝土《ほうど》である山形の天地には、この生命の黄金律《おうごんりつ》に生き抜く、誉《ほま》れの宝友《ほうゆう》が無数に光る。

野菜の種子《しゅし》の行商をしている小国町《おぐにまち》のご夫妻も、そうである。

農業人口の減少、量販店の進出もあり、顧客《こきゃく》は半分以下になった。〝もう

山形市内の農家の母と（1987.7）

そろそろ閉《し》めようか〟。しかし、行商に歩き、笑顔で迎えられて語らうなかで、山間地に暮《く》らす高齢の方々にとって、畑仕事は生き甲斐《がい》そのものであることにあらためて気づいた。

夫妻は心を決めた。皆の生き甲斐を支えることを、自分たちの生き甲斐にしていこう、と。

文豪トルストイは、「最大の幸福は——自分が、一年の終わりには一年の初めと比《くら》べてよりよき人間となっていると感ずること」[*3]との箴言《しんげん》を大切にした。

幸福は追いかけるものではない。人から与えられるものでもない。月々日々、年々歳々、共々《ともども》に励まし合い、支え合って、人間らしく向上していくところに、幸福は必ずついてくることを、山形の心は教えてくれる。

川は海に注《そそ》ぐ。常に新たな清流とともに、大海へ、世界へ、未来へと流れ通《かよ》っていく。

山形新聞社が主催される「最上川《もがみがわ》二百キロを歩く」では、毎年、多くの子どもたちが、源流域《げんりゅういき》から河口《かこう》まで探検《たんけん》リレーを行《おこな》うと伺《うかが》った。若い世代にロマンを贈り、探究の翼《つばさ》を広げゆく取り組みから、世界に羽ばたく逸材《いつざい》も生まれるに違いない。

この夏（二〇一四年）、山形県下の千六百人の若人《わこうど》が力《ちから》を合わせ、青年大会を行った。地域の父母《ちちはは》たちは、日本一の尾花沢《おばなざわ》のスイカをふるまうなど、陰《いん》に陽《よう》に応援してくださった。

山形には、いずこにもまして若き生命を「めんごがる（可愛《かわい》がる）」慈愛《じあい》、そして教育力が漲《みなぎ》っている。

最も大きな苦難《くなん》を乗り越えた地域が、最も大きな希望の光を世界に贈る。これが、不撓《ふとう》の東北であり、不屈《ふくつ》の山形である。

多くの水脈《すいみゃく》を集めて、勢《いきお》いを増す最上川の如《ごと》く、私たちはいやまして青年を慈《いつく》しみ、人材の流れを創《つく》り広げていきたい。

「最上《さいじょう》」の名を冠《かん》する大河流《なが》るる山形の天地に、最上の幸福あれ！　最上の未来あれ！　と祈りながら。

＊1　阿部次郎「最上河」、『秋窓記』所収、岩波書店
＊2　斎藤茂吉「白き山」、山口茂吉・柴生田稔・佐藤佐太郎編『斎藤茂吉歌集』所収、岩波文庫
＊3　トルストイ『文読む月日　上』北御門二郎訳、筑摩書房

「心田《しんでん》」から希望は生まれる

【下野新聞】２０１３年11月14日

いにしえ、栃木県は「毛野国《けののくに》」と呼ばれた。「毛」には五穀《ごこく》・草木の意義がある。

まさに物産も文化も豊《ゆた》かに茂《しげ》り実《みの》る大地こそ「下野《しもつけ》」である。

この大地に漲《みなぎ》る開拓と創造の息吹《いぶき》を、私も敬愛《けいあい》してやまない。

栃木に多くの知己《ちき》を持つ恩師にお供《とも》して、日光《にっこう》を旅したのは、六十年前（一九五三年）の春であった。その折、恩師が語ってくれた逸話《いつわ》が蘇《よみがえ》る。

――あの華厳《けごん》の滝《たき》は、明治半《なか》ばまで観覧《かんらん》に適切な場所がなかった。しかし星野五郎平《ごろべい》という山仕事の達人が、一人で断崖《だんがい》に道をつくり始めた。周囲の冷笑《れいしょう》のなか、奮闘《ふんとう》の歳月《さいげつ》を重《かさ》ねて、難所を突破《とっぱ》し、王者の滝《たき》をのぞむ圧巻《あっかん》の眺望《ちょうぼう》を開《ひら》いたのだ、と。

今年（二〇一三年）、栃木県は誕生《たんじょう》から百四十周年——。

今や日光《にっこう》は、皆の憧《あこが》れの世界遺産《いさん》である。

イチゴやかんぴょう等、命《いのち》を育《はぐく》む栃木の農林業も食文化も、日本の宝《たから》だ。活発な自動車産業、さらに世界一で名高《なだか》いハードディスク用のアルミ基板《きばん》など、匠《たくみ》の技《わざ》が冴《さ》える製造業も、栃木は全国有数の大発展を遂《と》げている。

下野《しもつけ》新聞では、佐野《さの》生まれの巨人・田中正造翁《しょうぞうおう》の生涯と思想が、現代の視点から鋭《するど》く洞察《どうさつ》されている。

世界に誇《ほこ》るべき〝環境と人権の先覚者《せんかくしゃ》〟正造翁は、豊《ゆた》かな郷土《きょうど》は君たちのものだと青年たちに語った。ゆえに、「若い者がつくりなおし、自分の力《ちから》で治《おさ》めていかねばならなかんべね」[*1]と。

一切は、人で決まる。青年の心の大地――つまり「心田《しんでん》」を耕《たがや》せば、新たな希望が生まれる。

栃木には、この人間教育の伝統が脈打《みゃくう》つ。日本で最も早く総合大学・足利《あしかが》学校が設立され、人材を育成してきた歴史も誉《ほま》れ高い。

私の忘れ得ぬ小学校の担任の先生も、栃木のご出身であった。その情熱と慈愛《じあい》は、教育をライフワークとする私にとって、かけがえのない原点である。

江戸期、今の真岡《もおか》の農村復興《ふっこう》に心血《しんけつ》を注《そそ》いだ二宮尊徳《そんとく》公には〝一人の心田を開拓すれば一村が一新する〟という不動の信念があった。[*2]

大田原《おおたわら》市に、若き日からの活躍を私が見守ってきた友がいる。父亡《な》きあと、母を助け、祖父母を介護《かいご》しながら、営農《えいのう》に挑《いど》んだ。米価の低迷、冷害と打ち続く試練にひるまず、土地の改良や新品種の導入《どうにゅう》に不屈《ふくつ》の努力を積《つ》み重《かさ》ねた。舞《ま》い来《きた》る白鳥を守る会を結成し、児童の登下校の安全を確保するなど、地域の活性化《かっせいか》にも、誠実に貢献《こうけん》する。夫妻で「悩《なや》む余裕がないほど忙《いそが》しい」毎日を生き抜いてきた。その苦労は、仲間を励まし、後輩を育てゆく知恵となって光る。

一人の心田《しんでん》を耕《たがや》し、潤《うるお》すのは、何より励ましではないだろうか。「励」ましの字には、「万」の「力《ちから》」が入っている。また、栃木の「栃」の字とも共通項がある。

いずこにもまして人柄《ひとがら》の良い方《かた》が多い栃木には、「万の力」の励ましが満《み》ちている。

私の妻と同世代の那須塩原《なすしおばら》の婦人たちは、東日本大震災（二〇一一年）の被災者《ひさいしゃ》の方に一人でも喜んでもらえればと、真心の「ちゃんちゃんこ作り」を

1995.6　栃木・宇都宮市

続けてこられた。

宇都宮《うつのみや》ゆかりの詩人・野口雨情《うじょう》は、「もっともっと人情味《にんじょうみ》のある、誰彼《だれかれ》の差別なく手を取って唄《うた》い合う」ような「棲《す》みいい国、楽しい国の建設」[*3]を願った。それは、足元《あしもと》の郷土《きょうど》からこそ始まる。

今、栃木県は「元気度日本一」を目指《めざ》して勇躍《ゆうやく》、前進されている。

今日も、我らの毛野国《けののくに》の豊《ゆた》かな心田《しんでん》から、日本そして世界を元気にする希望が、生まれ出《い》ずるに違いない。

＊1　佐江衆一『田中正造』岩波書店
＊2　福住正兄筆記、佐々井信太郎校訂『二宮翁夜話』岩波文庫、参照。
＊3　野口雨情「童謡十講」、秋山清・伊藤信吉・住井すゑ・野口存彌監修『定本　野口雨情　7』所収、未来社

地球の宝《たから》の海　共生《きょうせい》と創造の新潮流《しんちょうりゅう》

【四国新聞】２０１４年７月５日

金波《きんぱ》、銀波《ぎんぱ》が光る瀬戸内海《せとないかい》は、地球の「宝《たから》の海」です。

私が対談した歴史学者トインビー博士も、月光に照らされた瀬戸内海を「世界で最も美しい景色の一つ」[＊1]と讃《たた》え、その美観から啓発《けいはつ》を受けたことに深い感謝を記《しる》されていました。

すでに十九世紀の半《なか》ば、ドイツの地理学者リヒトホーフェンは、瀬戸内海には「到《いた》る処《ところ》に生命と活動があり、幸福と繁栄《はんえい》の象徴《しょうちょう》がある」[＊2]と絶賛しています。

この瀬戸内海《せとないかい》が、尊《とうと》き郷土愛《きょうどあい》の先人《せんじん》たちの熱情《ねつじょう》によって、日本で最初の国立公園に制定（一九三四年三月）され、今年（二〇一四年）で八十周年。ほぼ同じ年輪を重《かさ》ね、世界大戦を経験し、環境破壊に直面してきた私たちの世代にとって、瀬戸内海国立公園は、二十一世紀の人類へ託《たく》す、かけがえのない平和と共生《きょうせい》の希望の海です。

戦時中、平和の信念を貫《つらぬ》いて獄死《ごくし》した私どもの先師・牧口《まきぐち》先生は、独創的《どくそうてき》な地理学者でもあり、人間の交流の舞台である瀬戸内海を、西欧文明を育《はぐく》んだ地中海のような新たな文化・文明の起点として着目《ちゃくもく》していました。*3

世界の大海原《おおうなばら》に開《ひら》かれた瀬戸内海は、たゆまず潮流《ちょうりゅう》が交《ま》じり合い、また豊《ゆた》かな大地から滋養《じよう》に富《と》むミネラルも注《そそ》がれ、多種多彩《たさい》な生態系《せいたいけい》を育んでいます。そして明るい陽光に恵《めぐ》まれた温暖な気候のもと、瀬戸内《せとうち》の人々は、生命の讃歌《さんか》を謳《うた》い上げながら、創意工夫《そういくふう》を重ね、活発な農漁業を栄《さか》えさせてこら

1985.4　香川・庵治町（当時）

れました。伊吹島《いぶきじま》のいりこ、志度湾《しどわん》のカキ、引田《ひけた》の養殖《ようしょく》ハマチ、坂出《さかいで》・観音寺《かんおんじ》の金時《きんとき》にんじん等々、海の幸《さち》、山の幸は枚挙《まいきょ》に暇《いとま》がありません。

私と妻が三十六年前（一九七八年）、小豆島《しょうどしま》を訪《おとず》れた折、忘れ得ぬ出会いを結《むす》んだ一人の母は、定年直前からオリーブ栽培《さいばい》を始め、挑戦を続けてきました。昨年（二〇一三年）のオリーブオイルの国際品評会では、見事に金賞を受賞されています。

この母を支えたのは、「自《みずか》らを育ててくれた故郷《こきょう》に恩返《おんがえ》しをしたい。愛する島の名前を世界に広めたい」との気高《けだか》い志《こころざし》でした。

仏典《ぶってん》には「衆生《しゅじょう》の心が清《きよ》ければ、国土《こくど》も清い」とあります。瀬戸《せと》の天地の美しさは、まさしく人々の心の美しさと一体不二《ふに》でしょう。そこには、自然と人間の麗《うるわ》しい共存《きょうそん》があり、人間と人間の温《あたた》かな絆《きずな》があります。

私の友人である香川漆器《しっき》の漆芸家《しつげいか》は、瀬戸内《せとうち》国際芸術祭など世界との文化交流を広げるとともに、女木島《めぎじま》の地域のリーダーとして、励まし合い、支え合う高齢社会のネットワークを粘《ねば》り強く結んでいます。

「考えているだけでは何もできない。失敗を恐《おそ》れず実行してみよう*4」とは、讃岐《さぬき》が生んだ江戸期のイノベーションの先駆者・平賀源内《ひらがげんない》の志です。

「何がでっきょんな」と朗《ほが》らかに挨拶《あいさつ》を交《か》わしてきた讃岐・香川には、共々《ともども》に新しい開拓へ踏《ふ》み出していく活力《かつりょく》が漲《みなぎ》っています。

今、香川大学を中心に産学官で研究・生産に取り組んでいる「希少糖《きしょうとう》」も、健康の世紀を創造する画期的な夢の糖として、世界から注目されています。

四国は志国《しこく》（志の国）です。

「ふるさと教育」にも力《ちから》を注《そそ》ぐ宝《たから》の郷土《きょうど》から、共生《きょうせい》と創造の志を受け継《つ》ぐ若き「世界志民《しみん》」たちが、未来の大海原《おおうなばら》へ船出していくことを願ってやみません。

瀬戸《せと》の海
希望の万波《ばんぱ》を
世界まで

＊1　A・J・トインビー著、松岡紀雄編『日本の活路』国際PHP研究所
＊2　リヒトホーフェン『支那旅行日記　上』海老原正雄訳、慶應書房
＊3　『人生地理学』、『牧口常三郎全集I』所収、第三文明社、参照。
＊4　芳賀徹『平賀源内』朝日新聞社、参照。

「高き志《こころざし》の国」北陸のルネサンス

【北國新聞】２０１３年８月１日

いにしえ、北陸一帯は「越《こし》の国」と呼ばれた。その「越」の字が「高志《こし》」とも表記されたことを、私はあらためて思い起こす。

北陸は、まさに「高き志《こころざし》」光る天地であるからだ。今日《こんにち》の加賀《かが》市（石川県）出身であるわが師・戸田城聖《とだじょうせい》先生が青年に一貫《いっかん》して打ち込《こ》んだのも、「高き志」であった。

あの『万葉集《まんようしゅう》』のなかでも、ひときわ精彩《せいさい》を放《はな》つのが「越中《えっちゅう》万葉」である。

北陸の雄大《ゆうだい》な海や山を謳《うた》い上げるとともに、家族を失った友や病《やまい》と闘う友への励ましがある。「生命」を慈《いつく》しみ、「一人」のために尽《つ》くす——ここに文化の起点があるのではないだろうか。

「土までもやさしい」といわれる能登《のと》の里山里海《さとやまさとうみ》は、一昨年（二〇一一年）、世界農業遺産《いさん》に認定された。

北陸の高き志《こころざし》の文化は、日本そして世界の宝《たから》である。

私も出会いを結《むす》んだ、統一ドイツの初代大統領ヴァイツゼッカー氏は、兼六園《けんろくえん》で庭師が松の葉を一本一本、丁寧《ていねい》に剪定《せんてい》する姿に感嘆《かんたん》された。文化は「自然と人間とを大切に扱《あつか》うこと」*1とする氏は、北陸にその一つの真髄《しんずい》を見たといってよい。

金沢駅の大屋根「もてなしドーム」は、傘《かさ》を差《さ》し出す「おもてなしの心」を表現していると聞く。

いよいよ明後年に開通する北陸新幹線から降《お》り立つ世界の旅人たちを、

「おいであそばせ」と迎えてくれることだろう（二〇一五年三月、開通）。

北陸の志には、苦難《くなん》に屈《くっ》せず、新たな創造と開拓に挑《いど》み続ける強さがある。さらに、その結実を惜《お》しみなく、人々と分かち合う大きさがある。

江戸末から明治の陶工《とうこう》・九谷庄三《くたにしょうざ》は、「業《わざ》を広めて倦《う》まず。法を伝えて吝《おし》まず」[*2]と讃《たた》えられた。志を貫《つらぬ》き、道を開《ひら》いて、九谷焼を世界の「ジャパンクタニ」に高めたのだ。

人のため、社会のためとの志が、未来を創《つく》る。

私の妻の友人である北陸の日本舞踊家《ぶようか》の女性も、「百万石《ひゃくまんごく》まつり」への貢《こう》献《けん》など地域活動に地道に取り組み、そのなかで舞《まい》も明るさと温《あたた》かさを増したという。「多くの人と喜びを共有《きょうゆう》してこそ本物の芸能です」と微笑《ほほえ》まれる。

金沢三文豪の一人・室生犀星《むろうさいせい》が、故郷《こきょう》の中学生に贈った校歌には――

「人は人よりまなび
　人は人をみちびく」[*3]

という一節がある。

次の世代へ「高き志《こころざし》」を、いかに伝えていくか。

それは、学都としても名高《なだか》い北陸が、いやまして担《にな》い立つ人間教育の使命であろう。

近年、北陸への観光も修学旅行も増えていることは、喜ばしい限りだ。

かつて、七尾《ななお》の畠山《はたけやま》文化に育《はぐく》まれた長谷川等伯《とうはく》は、幅広《はばひろ》く学び抜き、絵画芸術を革新した。

新たな北陸のルネサンスの息吹《いぶき》もまた、若き創造的生命を豊《ゆた》かに啓発《けいはつ》しゆくに違いない。

我らの北陸は「高き志の国」である。また富山は「富《と》む山」。「加賀《かが》」は「喜

ヴァイツゼッカー初代大統領と会談（1991.6　ドイツ・ボン市の大統領府）

びを加える」。「能登《のと》」は「能《よ》く登《のぼ》る」と読める。「地域の繁栄《はんえい》」「国土の安穏《あんのん》」そして「世界の共生《きょうせい》」――挑《いど》むべき二十一世紀の山は険難《けんなん》である。

だからこそ、わが愛する北陸の青年たちが、いよいよ「高き志《こころざし》」を燃《も》やし、喜び勇《いさ》んで登攀《とうはん》してくれるであろうことを、私は確信している。

＊1　リヒャルト・フォン・ヴァイツゼッカー『ヴァイツゼッカー回想録』永井清彦訳、岩波書店
＊2　「九谷庄三記功碑」〈二羽喜昭『陶工　九谷庄三の生涯』コシーナブックス〉から
＊3　室生犀星作詞「金沢市立小将町中学校校歌」

幸せは地域に　希望は山陰《さんいん》に

【山陰中央新報】２０１２年４月23日

〽みどり豊《ゆた》かな
　島根の旅路《たびじ》
うたも明るい安来節《やすぎぶし》

私の人生の師・戸田城聖《とだじょうせい》先生は、安来節が大好きでした。

戦時中は軍国主義と戦って投獄《とうごく》され、終生《しゅうせい》、庶民の輪のなかに飛び込《こ》み、けなげに奮闘《ふんとう》する友へ勇気と希望を贈った師です。

郷土《きょうど》と同朋《どうほう》への誇《ほこ》りを歌い、生きる喜びを楽しく舞《ま》う安来節《やすぎぶし》は、恩師の人生哲学と深く共鳴《きょうめい》していました。

幸せは遠くにあるのではない。身近《みぢか》な地域に根《ね》を張り、「強く」「仲良く」「朗《ほが》らかに」生き抜くなかにある。そうした幸福の実像を、私は敬愛《けいあい》する山陰《さんいん》の友に見出《みいだ》すのです。

仏典《ぶってん》には、「さいわい（福）は心よりいでて我《われ》をかざる」と説かれています。

山陰を世界に誇る故郷《こきょう》と愛した小泉八雲《やくも》（ラフカディオ・ハーン）も、日本人の幸福の源《みなもと》は「心の美徳《びとく》」にありと、洞察《どうさつ》しました。それは、常に失わない微笑《ほほえ》みや思いやり、辛抱《しんぼう》強さ、不屈《ふくつ》の努力など、山陰の心そのものです。

私の懐《なつ》かしい松江《まつえ》の友は、災害の時には不眠不休《ふみんふきゅう》で救援《きゅうえん》に奔走《ほんそう》しました。常にわが身を顧《かえり》みず「どげしちょうや？（どうしているか？）」と仲間を案じ、「さあ、やらこいな！（やろうじゃないか！）」と励ましていました。

島根県吉賀町《よしかちょう》のある母も、がんなど三つの大病《たいびょう》を克服《こくふく》した体験を生《い》かし、

宍道湖畔で若人と懇談（1972.9　島根・松江市）

在宅介護《ざいたくかいご》のヘルパーとして活躍されています。社会福祉協議会が運営する「ふれあいサロン」の中心者としても、地域に笑顔を広げる日々です。

「大好きな、大好きなこの天地で、人々のために尽《つ》くすことが、私の使命です」と。

今、「国民総幸福量（GNH）」が注目されています。浜田《はまだ》市と石州和紙《せきしゅうわし》の技術交流を結《むす》ぶブータン王国が提唱《ていしょう》した指標《しひょう》です。その根底には、「幸福な社会は皆で一緒に築くもの」との信念があります。

山陰《さんいん》は、高齢化や人口減少などの難問に粘《ねば》り強く挑《いど》んできました。だからこそ、互《たが》いに力《ちから》を合わせて、明るく充実した人生を生き抜く知恵が光っています。

ボランティア参加の活動者率では、鳥取が日本最上位です。百歳以上の長寿者の割合は、島根が全国一です。「日本一の田舎《いなか》づくり計画」（島根）、「支《ささ》え愛《あい》」体制づくり（鳥取）などの施策《せさく》も注目されます。

山陰の豊《ゆた》かな共生《きょうせい》の心こそ、次代へ受け継《つ》ぎたい日本の宝《たから》です。

島根県津和野町《つわのちょう》出身の文豪・森鷗外《もりおうがい》は叫《さけ》びました。

「命《いのち》ある限り、失ってはならないもの、それは希望である」*1と。

高名な経済学者が、山陰の小・中学生の瞳《ひとみ》の輝きに感嘆《かんたん》されていました。私も長年、同じ思いを抱《いだ》いてきました。この清々《すがすが》しい若き命に、未来の希望はあります。

人の幸福感は、隣人《りんじん》や友人に、さざ波のように伝わることが、最近の医学の研究でも裏付けられています。

試練の冬にも負けない山陰の友から、希望の花、幸福の花が、一輪また一輪、咲き広がっていくことを、私は期待してやみません。

*1 『心頭語』、『鷗外全集25』所収、岩波書店、参照。

地域を照らす太陽の心

【千葉日報】２０１３年３月16日

「日本一早《はや》い」初日《はつひ》の出《で》が見られるのは、千葉県です。凍《こご》える闇《やみ》を破《やぶ》って、犬吠埼《いぬぼうさき》より希望の黎明《れいめい》を告《つ》げる「日本一の朝日」です。

「東の空已《すで》に瞼《まぶた》を開《ひら》きて、太平洋の夜は今明《あ》けんとする」*1――文豪・徳冨《とくとみ》蘆花《ろか》が、愛する房総《ぼうそう》の海の暁《あかつき》を謳《うた》った一景です。

千葉の天地には、昇《のぼ》りゆく旭日《きょくじつ》のような輝きと勢《いきお》いが秘《ひ》められています。

先日、いすみ市で発見された、世界で千葉県にだけ分布する新種植物「イスミスズカケ」のニュースも、太陽の宝土《ほうど》の尽《つ》きることのない可能性を象《しょう》徴《ちょう》しているのではないでしょうか。

全国七百八十八都市の中で「住みよさ日本一」に選ばれたのも、千葉県の印西《いんざい》市です。

さらに、千葉県といえば、全国一位の農産品が数多く生産される農業王国として、私たちの命《いのち》を支えてくれています。

ところが、明治初期までは、代表的な農作物が存在せず、人口の九割の農業者も苦難《くなん》の連続であったといいます。

そこで立ち上がった一人が、匝瑳郡鎌数村《そうさぐんかまかずむら》（現・旭《あさひ》市）の金谷総蔵《かなやそうぞう》青年です。

当時、村の一帯は干潟《ひがた》で、やせた砂地は畑作に適《てき》していませんでした。それでも、なんとか村民の窮状《きゅうじょう》を改善できないものかと、試行錯誤《しこうさくご》を重《かさ》ねるなかで出あったのが、砂地に強い「落花生《らっかせい》」です。

青年は村々を回《まわ》り、地中で実《み》を結《むす》ぶ作物を「縁起《えんぎ》が悪い」と敬遠《けいえん》する村人も説得《せっとく》し、執念《しゅうねん》と努力で栽培《さいばい》を定着させていきました。

落花生《らっかせい》は名前の如《ごと》く、花がしぼんだ後、子房柄《しぼうへい》が下に伸《の》び、地面を突き抜けて土の中に入ります。この時、固《かた》い地面から受ける抵抗《ていこう》によって、実《み》を生み出すのに必要な植物ホルモンが生成《せいせい》されるといわれます。試練への挑戦が、新たな飛躍《ひやく》をもたらす——これは、生命と人生を貫《つらぬ》く法則ともいえましょう。

今や千葉の落花生は、全国七割の生産を占《し》める特産品となり、家庭の団《だん》らんの友として愛されています。

半世紀以上も前になりますが、銚子《ちょうし》の海岸の小高《こだか》い丘で、地元の友人たちと懇談《こんだん》した思い出があります。漁獲量の減少など切実《せつじつ》な悩《なや》みも伺《うかが》いながら、「心の一念《いちねん》によって、国土《こくど》をも変えていくことができる」という安房生誕《あわせいたん》の賢哲《けんてつ》の励ましを共《とも》に命《いのち》に刻《きざ》みました。

真心の大漁節《たいりょうぶし》で歓迎《かんげい》していただいたので、せめてものお礼に、草むらに咲く野の花を摘《つ》んで贈りました。

戦後、食糧《しょくりょう》の買い出しで親切にしていただいた幕張《まくはり》をはじめ千葉市の各地、また、我孫子《あびこ》、いすみ、市川《いちかわ》、市原《いちはら》、浦安《うらやす》、柏《かしわ》、勝浦《かつうら》、香取《かとり》、鴨川《かもがわ》、鋸南《きょなん》、佐倉《さくら》、匝瑳《そうさ》、富津《ふっつ》、成田《なりた》、野田《のだ》、船橋《ふなばし》、松戸《まつど》、八千代《やちよ》など、全県を訪《おとず》れて結《むす》んだ忘れ得ぬ語らいと固い友情は、わが人生のかけがえのない宝《たから》です。

近年、「希望の哲学」をテーマに、私が対話を続けてきたアメリカのマリノフ博士も、千葉の方々の明るく温《あたた》かなホスピタリティー（歓待《かんたい》の心）に感銘《かんめい》されていた一人です。

博士は哲学者として、「人間は、最悪の環境から、最良の結果を引き出すことができる」という信念を持たれています。

希望の見出《みいだ》せない逆境《ぎゃっきょう》にあっても、人間の心には、希望の太陽が厳然《げんぜん》と存在する。この「太陽の心」を、わが胸中に輝かせていく人には、大いなる勇気と豊《ゆた》かな智慧《ちえ》が必ず湧《わ》いてくる。心の光を強めれば、自分自身と、わが地域の潜在力《せんざいりょく》を再発見し、引き出しながら、新たな価値を創造しゆく道が開《ひら》かれるのではないでしょうか。

豊かな創造力が光る千葉
「旬《しゅん》」の智慧《ちえ》が未来のヒント

「千葉日報」で紹介されていた銚子《ちょうし》市のエピソードも、示唆《しさ》に富《と》んでいます。農家に嫁《とつ》いだ若い女性たちが、時代の変化に対応しつつ、創意工夫《そういくふう》をこらし、農作物の生産から商品化まで携《たずさ》わっていく取り組みです。家事や子育てを抱《かか》えながら、仲間と学び合い助け合って、輝く農業の新しいスタイルを、生き生きと確立されているのです。

また、日本の難《むずか》しい地名の番付《ばんづけ》で「東の横綱《よこづな》」と紹介される匝瑳《そうさ》市では、

1994.2　東京湾上空から

この難読《なんどく》ぶりを逆手《さかて》にとって積極的にアピールし、全国から大きな注目を集めたといいます。発想を転換《てんかん》すれば、どんなこともプラスに生《い》かしていけることを、楽しく教えてくれています。

富津《ふっつ》市には、廃業《はいぎょう》となったホテルを再活用した、芸術家たちの共有《きょうゆう》施設があります。町おこしを進めるなかで生まれ、地域に開《ひら》かれた交流の要所《ようしょ》として賑《にぎ》わいを見せていると伺《うかが》いました。

地域活性化《かっせいか》に挑《いど》む全国の自治体《じちたい》にとって、豊《ゆた》かな創造力が光る千葉には、未来へのヒントを与えてくれる「旬《しゅん》」の智慧《ちえ》が光っています。

柏《かしわ》市で町会長として貢献《こうけん》する壮年がいます。新興住宅が急増し、若い世代の住民が多くなる一方で、長年にわたり住まわれてきた高齢者たちとの相《そう》互《ご》の親交が希薄《きはく》である、という課題がありました。

「何とか地域の絆《きずな》を強めたい」と願った壮年は、これまで立ち入り禁止となっていた「未利用地《みりようち》」を市から借《か》り入れ、住民と共《とも》に「自由の広場」を作ったのです。

そこでは、子どもが遊び回《まわ》れるだけでなく、自由に草花や野菜を育てることもできます。お年寄りが共に汗《あせ》を流す「ニコニコ農園」、親子での「芋《いも》掘《ほ》り体験」なども実施《じっし》され、世代を超《こ》えて、一年中、笑い声が弾《はじ》ける友好《ゆうこう》の広場と生まれ変わりました。

この壮年が快活《かいかつ》に語ってくれました。

「何もしなければ、何も始まりません。地域を愛する心があれば、いくらでも地域は光り輝きます」と。

あの東日本大震災（二〇一一年）から二年――。被災地《ひさいち》の復興《ふっこう》を祈らない日はありません。

旭《あさひ》市や浦安《うらやす》市をはじめ、言い知れぬ苦難《くなん》を共々《ともども》に乗り越《こ》えてこられた方々の不屈《ふくつ》の行動と心の絆《きずな》に、私は何度も胸を熱《あつ》くしました。

江戸末期、東金《とうがね》に生まれた名医・関寛斎《せきかんさい》が苦境《くきょう》の友に宛《あ》てた一節が蘇《よみがえ》ります。

「災難は決して不幸にあらずして却《かえ》って幸福に進むの憤発力《ふんぱつりょく》を増加する」*2

いかなる艱難《かんなん》にも断《だん》じて屈《くっ》しない千葉の負けじ魂《だましい》を、私は仰《あお》ぎ見る思いです。

私たちの海外の友もお世話になっている成田《なりた》国際空港は今年（二〇一三年）、開港三十五周年。夢を創《つく》り彩《いろど》る、東京ディズニーリゾートは、開業三十周年です。

そして「千葉県」の誕生《たんじょう》から百四十周年を迎えます。

四月には、圏央道《けんおうどう》の東金・茂原《もばら》・木更津《きさらづ》間が開通《かいつう》します。魅力《みりょく》あふれるこの地域が、東京湾アクアラインを通じて東京・神奈川方面とも結《むす》ばれるなど、千葉を起点に新たなネットワークは幾重《いくえ》にも広がっています。

「今こそ喜びの時は来た／太陽のかがやく大道《だいどう》のまっただ中に奇蹟《きせき》は起《おこ》った」[*3]とは、九十九里《くじゅうくり》に親《した》しんだ作家・高村光太郎《たかむらこうたろう》の言です。

今日も太陽と共《とも》に！「太陽の心」で前進する。そこから「喜びの時」が始まり、地域を照らし、未来を照らす希望の陽光《ようこう》が、いよいよ輝き始めます。

＊1　徳富蘆花「大海の出日」、『自然と人生』所収、岩波文庫
＊2　鈴木勝『関寛斎の人間像』千葉日報社
＊3　高村光太郎「よろこびを告ぐ」、『道程』所収、札幌青磁社

未来を開《ひら》く！ 千葉の「和《わ》」の輝き

【千葉日報】２０１５年６月６日

夢半島・千葉には、日本の誇《ほこ》りが光っています。

一昨年（二〇一三年）の千葉県内への観光客は過去最多で、のべ一億六千万人を超《こ》えました。

発着数が五百万回を突破した成田《なりた》国際空港を擁《よう》する千葉は、海外からの旅人を迎える「和《わ》の扉《とびら》」です。

千葉日報で嬉《うれ》しい記事を拝見しました。教育旅行で千葉を訪《おとず》れたマレーシアや台湾の生徒たちが、着物の着付けや習字、和食文化などを学び、友情を結《むす》ぶ様子が報じられていたのです。

先日、世界六十五カ国・地域から来日した私の友人たちが何よりの思い出としたのも、千葉の皆さん方との心通《こころかよ》う交歓会《こうかんかい》でした。温《あたた》かなおもてなしはもちろん、多彩《たさい》な「Ｃｈｉｂａ（千葉）」との出《で》あいを、海外の友は心から感激《かんげき》していました。

豊《ゆた》かな海の幸《さち》・山の幸、美しい景色、奥深い文化、大らかな人間性など、千葉に満《み》ちる「和」の輝きは、もっとアピールされていいのではないでしょうか。千葉の計《はか》り知れないポテンシャル（潜在力《せんざいりょく》）には、希望の未来図《みらいず》が秘《ひ》められているからです。

世界を魅了《みりょう》する千葉の伝統工芸は、房州《ぼうしゅう》うちわ、銚子縮《ちょうしちぢみ》、上総鯉《かずさこい》のぼりなど、百八十点に上《のぼ》ります。

「和」の芸術を代表する歌舞伎《かぶき》を支えるのも、千葉に継承《けいしょう》されてきた職人の技術です。歌舞伎座《かぶきざ》の舞台で使用される骨組みや背景などは、松戸《まつど》の工場で制作されています。かつては珍《めずら》しかった女性の職人の方《かた》が、今では約三分の一を占《し》め、匠《たくみ》の技《わざ》がこまやかに伝えられていると伺《うかが》いました。

江戸の庶民の暮《く》らしを生き生きと描き、「浮世絵《うきよえ》」を芸術として大成させた菱川師宣《ひしかわもろのぶ》は南房総《みなみぼうそう》・鋸南町《きょなんまち》の出身です。師宣は、「豪華《ごうか》な上流の人たちの絵ではなく、町の人たちに喜んでもらえる絵を」*1と、絵筆《えふで》を走らせました。作品に記《しる》された落款《らっかん》は「房陽《ぼうよう》」「房國《ぼうこく》」。故郷《こきょう》の房州《ぼうしゅう》を誇《ほこ》りに、新たな民衆文化を創造したのです。

オーストリアの著名な声楽家《せいがくか》のサイフェルトさんを、千葉の青年と一緒にお迎えしたことがあります。

彼女は、芸術活動を推進する信条を「人間の中へ、民衆の中へ、光をもたらすこと」と語っていました。

千葉の「和《わ》」の文化の光彩《こうさい》も、郷土《きょうど》を愛し、庶民と苦楽《くらく》を分かち、命《いのち》を

サイフェルト博士と会談（1995.10　東京・新宿区）

慈《いつく》しむ太陽の心から生まれてくるのではないでしょうか。
「和《わ》」という字は、「禾」が穀物《こくもつ》などを表《あらわ》し、農作物を「口《くち》」いっぱい頬《ほお》ばる、幸せな姿を示しているといいます。[*2]

農業王国・千葉は、都市部も農作物の生産が盛《さか》んで、「船橋《ふなばし》にんじん」は品質が自慢《じまん》のブランド野菜です。生産量が全国一の柏《かしわ》市の小カブは、東日本大震災の被災地《ひさいち》にも贈られ、感謝されています。銚子港《ちょうしこう》は水揚《みずあ》げ連続日本一であり、千葉は「食」即《そく》「命《いのち》」の宝庫《ほうこ》です。

ユネスコ（国連教育科学文化機関）の無形《むけい》文化遺産《いさん》に登録された和食に欠かせない醤油《しょうゆ》も、千葉で磨《みが》き抜かれてきました。

千葉出身のわが旧友は、日本料理人として、北欧ノルウェーに渡りました。寿司《すし》や刺身《さしみ》が見向きもされなかった異国で、「皆に喜びを贈る和食を」と一《いっ》心不乱《しんふらん》に努力を重《かさ》ね、創意工夫《そういくふう》を凝《こ》らしていきます。「お父さん」と慕《した》われる人情味《にんじょうみ》と相《あい》まって、徐々《じょじょ》に評判は高まり、健康的で美味《おい》しい和食文化の花を、北の大地に咲かせたのです。

「和」の心は「平和の心」

十三世紀、安房《あわ》に誕生した大先哲《だいせんてつ》は〝負けじ魂《だましい》の人たれ〟との励ましを残されました。

花見川区《はなみがわ》のあるご夫妻も、この負けじ魂で、初代・二代の倒産から再興《さいこう》した材木店の三代目です。言うに言われぬ苦労の連続でしたが、誠実に「顧客第一《こきゃくだいいち》」を貫《つらぬ》き通しました。「持続は力《ちから》なり」をモットーに、今、後継の四代目と共《とも》に、さらなる希望の実証《じっしょう》を地域に示しています。

先日は、千葉の県産業振興《さんぎょうしんこう》センターが、進取《しんしゅ》の息吹《いぶき》あふれる中小企業の新商品の発表会を行《おこな》いました。

地域社会で励まし合い、新しい創造の知恵と力《ちから》を粘《ねば》り強く引き出す。そのチームワークのモデルを、私は千葉に期待する一人です。

幕張《まくはり》メッセでは常に世界的規模《きぼ》の展示会が催《もよお》され、千葉はますます重要な国際交流の要《かなめ》です。サッカーの専用施設の建設も発表され、スポーツ界にあっても千葉は頼《たの》もしい拠点《きょてん》です。

思えば、日本の選手団がオリンピックに初参加した折の団長は、我孫子《あびこ》にゆかりの嘉納治五郎翁《かのうじごろうおう》でした。講道館《こうどうかん》柔道の創始者《そうししゃ》である嘉納翁は「高い山も一歩一歩に登《のぼ》ればついにはその頂《いただき》に達する」[*3]と語り、鍛錬《たんれん》の積《つ》み重《かさ》ねを訴《うった》えています。

市川《いちかわ》市の青年が、昨年(二〇一四年)、柔道の全国大会で優勝した報告を届けてくれました。

二〇二〇年の東京オリンピックへ、千葉の健《すこ》やかな若人《わこうど》たちが不撓不屈《ふとうふくつ》の鍛錬の力を発揮《はっき》してくれることが楽しみです。

自然との共生《きょうせい》の「和《わ》」も千葉の誉《ほま》れです。

「生物多様性《たようせい》ちば県戦略《せんりゃく》」のもと、「生命のにぎわいとつながり」を未来へ守り伝える、さまざまな取り組みが行われています。

昨年は、いすみ市にコウノトリが飛来《ひらい》し、今年（二〇一五年）は、野田《のだ》市の「こうのとりの里」で雛《ひな》が巣立《すだ》ちしたとの明るい話題がありました。

千葉には、鴇谷《とうや》、鴇崎《ときざき》、鴇嶺《ときがね》など、トキに由来《ゆらい》する地名や名字《みょうじ》も多く、手《て》賀沼《がぬま》をはじめ、鳥たちが優雅《ゆうが》に舞《ま》った自然環境が偲《しの》ばれます。市原《いちはら》市には、太平洋側で最後となるトキの生息《せいそく》の記録が留《とど》められています。

トキは日中友好のシンボルでもあり、この七月には、千葉市で上海歌舞《シャンハイかぶ》団《だん》による感動の新舞劇《ぶげき》「朱鷺《とき》」の公演が行われる予定です。

さらに、君津市《きみつし》発祥《はっしょう》の伝統の「上総掘《かずさぼ》り」は、環境にやさしい井戸掘《ほ》りの技術として、水不足に悩《なや》む東南アジアやアフリカでも生《い》かされ、大いに貢《こう》献《けん》しています。

今年（二〇一五年）は終戦七十年。次代へ託《たく》す「和《わ》」の心は、第一に「平和の心」です。

千葉では二度の激《はげ》しい大空襲があり、数多くの尊《とうと》い命《いのち》が奪《うば》われました。

私の妻が知る佐倉《さくら》市のご婦人は長崎で被爆《ひばく》し、原爆症《げんばくしょう》に負けずに、毅然《きぜん》と平和の語《かた》り部《べ》を続けています。「生きて生き抜いて、平和のため叫《さけ》び抜きます」と。

松戸《まつど》市では、高校生が戦争体験者への取材を行《おこな》い、自分の言葉で戦争の記憶を真剣に伝えています。

千葉を愛した作家の志賀直哉《しがなおや》は、真の愛国者とは「本当に国民の幸福を考える者[*4]」なりと説きました。

昨年（二〇一四年）、私の信頼する千葉の青年たちは、「平和」をテーマにした文化の祭典を各地で開催しました。七千人の若き友が、地域の父母たちに見守られながら、「一人一人を大切に」「時代を変えるのは私たち！」と、躍動《やくどう》のスクラムを広げてくれたのです。

私の好きな千葉県民歌に、「人の和に力《ちから》あふれて　日に進む建設の音《おと》」とあります。

「和」の力あふれる千葉の若人《わこうど》が、平和と幸福の連帯を、さらに大きく輝かせてくれることを、私は念願しています。

＊1　川村優監修、千葉県教育研究会社会科教育部会編『千葉県を築いた人びと』旺文社
＊2　砂田登志子「漢字で学ぼう！　楽しい食育」、「聖教新聞」二〇〇五年三月三日付
＊3　講道館監修『嘉納治五郎著作集1』五月書房
＊4　〔未定稿208〕、『志賀直哉全集9』所収、岩波書店

第二章

文化は人を結《むす》ぶ

1994.5　イタリア・フィレンツェ市

世界つなぐ　ジャズの「対話精神」

【毎日新聞】２０１３年5月2日

「皆がお互《たが》いを必要とする」――私が共鳴《きょうめい》するジャズの哲学である。サックス奏者のウェイン・ショーターさんは語る。

「組み合わさることで、すべての音が動き出し、変化し、成長していくのです」「どの音も、他の音調なしには、完全な音にはなれません」[*1]と。

人と人も、お互いに生かし合えば、思いもよらぬ力《ちから》を発揮《はっき》できる。

私は、南アフリカ共和国のマンデラ氏を思い起こす。二十七年半の投獄《とうごく》に耐《た》えて大統領に就任《しゅうにん》すると、対立した前政権の白人職員をそのまま採用し、新しい「虹《にじ》の国」づくりの力《ちから》とした。来日の折、青年の大合唱の歓迎を喜ばれた氏の快活《かいかつ》な笑顔も懐《なつ》かしい。

いかなる苦難《くなん》にも屈《くっ》しない強さと、皆で手を携《たずさ》えて前へ進む朗《ほが》らかさ。そうした誇《ほこ》り高き魂《たましい》を次代へ伝えゆく、アフリカを起源《きげん》にしたアメリカ育ちの音楽芸術がジャズである。

一昨年（二〇一一年）、ユネスコ（国連教育科学文化機関）は四月三十日を「国際ジャズの日」と制定した。本年（二〇一三年）も世界各地で〝平和の魂のセッション（共演）〟が織《お》りなされた。日本では、福島県南相馬《みなみそうま》市の小・中学生たちも、離れて暮《く》らす友達と心を一つに元気いっぱい演奏を行《おこな》ったと伺《うかが》っている。

この記念日の制定に尽力《じんりょく》したピアニストのハービー・ハンコックさんやショーターさんとの語らいを通して、私もジャズの多彩《たさい》な魅力《みりょく》を学ぶことができた。

ハービー・ハンコック氏（左から２人目)、ウェイン・ショーター氏（左端）と
(2006.10　東京・八王子市)

私たち三人は〝今の年齢マイナス三十歳の心で！〟が合言葉だ。若々《わかわか》しい挑戦の息吹《いぶき》がジャズには脈打《みゃくう》つ。

ジャズは相手を尊重《そんちょう》する「対話の音楽」である。

ハンコックさんの忘れ得ぬ転機《てんき》の思い出を聞いた。

若き日、巨匠マイルス・デイビス氏との共演でミスをしてしまった。しかし次の瞬間、この天才トランペッターは、それを見事な和音に変えて演奏を高めてくれた、と。

ジャズは、相互《そうご》に信頼し、失敗さえも新たな飛躍《ひやく》へ転じていくのだ。これは、若人《わこうど》の可能性を大らかに伸《の》ばす人間教育の知恵にも通じよう。

近年、世界はもとより、日本一国を見ても課題ごとに分断線が際立《きわだ》つ。ともすれば議論は紛糾《ふんきゅう》し、創造的な意見の和音が響《ひび》いてこない。そうした時、一緒に音楽に耳を傾《かたむ》けてから話し合いを始めてはどうか。とりわけ、演奏者が独自の音色《ねいろ》を奏《かな》でつつ自在《じざい》に調和を生み出す、ジャズの「対話の精神」を呼吸したいものだ。

ショーター、ハンコックの両氏が、ある国際会議で即興《そっきょう》演奏した折のこと。初め腕組みをして互《たが》いに距離を置いていた各国の大統領や首脳たちが演奏につれて笑顔で前へ集まり、一体になって沸《わ》き返ったという。

どんな「差異《さい》（異《こと》なり）」をも「彩《さい》（彩《いろど》り）」に変え、人間生命の連帯を結《むす》ぶ希望が、音楽文化にはある。音楽と共《とも》に、青年と共に、弾《はず》む命《いのち》で対話を広げ、平和と共生《きょうせい》の未来を創造する。その歩《あゆ》みを粘《ねば》り強く進める時が到来《とうらい》していると、私は思えてならない。かのジャズの巨匠は自伝を、こう結んでいる。

「毎日の演奏のたびに一歩ずつ前進するようにがんばり続けるだけだ。そうだ、一歩ずつだ[*2]」

＊1　ハービー・ハンコック／池田大作／ウェイン・ショーター『ジャズと仏法、そして人生を語る』毎日新聞社
＊2　マイルス・デイビス／クインシー・トループ『マイルス・デイビス自叙伝2』中山康樹訳、宝島社

神戸から　希望と勇気の光を

【神戸新聞】2011年8月29日

「民衆こそ皇帝なり」[*1]

神戸の友と深き友情を結《むす》んだ中国革命の英雄・孫文《そんぶん》先生の宣言である。

約五百五十年間、二十四人の歴代皇帝の宮殿《きゅうでん》であった北京《ペキン》の紫禁城《しきんじょう》の宝物《ほうもつ》を、真の皇帝たる民衆に公開したのは、孫文先生のリーダーシップであった。

十八回に及《およ》んだ神戸訪問の最後は、一九二四年（大正十三年）秋。神戸新聞が後援し、盛況《せいきょう》ぶりを一面で伝えた歴史的な講演会が行《おこな》われた。

その翌年に逝去《せいきょ》された孫文先生の遺志《いし》を受け継《つ》いで設立されたのが、

1995.10　兵庫・神戸市

故宮博物院《こきゅうはくぶついん》である。

このたび、同院で守られてきた国家一級文物《ぶんぶつ》十六点を含《ふく》む、約二百点もの至宝《しほう》が海を渡り、「地上の天宮《てんきゅう》　北京《ペキン》・故宮博物院展」が開催される運びとなった。（神戸展、二〇一一年九月二日～十月十日、関西国際文化センター）

ゆかりも深き神戸また関西の方々が、〝我ら民衆こそ皇帝・后妃《こうひ》なり〟との心で、宮殿《きゅうでん》の名品を堪能《たんのう》されゆくことを、孫文《そんぶん》先生も喜ばれるであろう。

東日本大震災（二〇一一年）の影響《えいきょう》で各種の展覧会が中止や延期を余儀《よぎ》なくされるなか、故宮博物院は厚《あつ》い友誼《ゆうぎ》の心をもって、本展の開催を英断《えいだん》してくださった。

「私たちは、この展覧会を通して皆様を癒《いや》し、復興《ふっこう》の力《ちから》になりたいと決意したのです」とは陳麗華《ちんれいか》副院長の言である。

故宮博物院は、あの阪神・淡路《あわじ》大震災の年（一九九五年）にも、日本各地での「名宝展」を開幕してくださった。
「友情は力を生み出す」との周恩来総理《しゅうおんらい》の信条が胸に迫《せま》ってくる。

今回の展示では、明《みん》・清《しん》王朝を彩《いろど》った女性たちの美しい振《ふ》る舞《ま》いや暮《く》らし向きを伝える逸品《いっぴん》も多い。

宮廷《きゅうてい》の女性たちが楽器の演奏を楽しむ光景《こうけい》を描いた名画「女楽図《じょがくず》」からは、優雅《ゆうが》な平和の調《しら》べが聞こえてくるようだ。

私の妻がよく知る兵庫の乙女《おとめ》は、昨年（二〇一〇年）、青年交流で訪中した際、五百年の伝統を誇《ほこ》る「淡路人形浄瑠璃《じょうるり》」の三味線《しゃみせん》を見事に披露《ひろう》した。中国にルーツをもつ楽器を奏《かな》でながら、深い心の共鳴《きょうめい》を広げたのである。文化には、人と人を結《むす》びつけずにはおかぬ妙《たえ》なる力がある。

さらに本展の一つの焦点《しょうてん》は、宮廷での子女《しじょ》の教育であり、家族連れでお子さん方と鑑賞していただける趣向《しゅこう》となっている。

「天下の命《めい》は太子に懸《か》かる」と言われる如《ごと》く、未来の命運《めいうん》を決する鍵《かぎ》は、若き世代が「学ぶ」ことであり、後継の人材を「育てる」ことである。

なじみ深い「そろばん」も出品されている。数学に関心が深かった康熙《こうき》帝《てい》の時代に作られた瑪瑙《めのう》製の宮廷《きゅうてい》文具である。

わが兵庫県には、名高《なだか》い伝統技術の「播州《ばんしゅう》そろばん」があり、小野《おの》市は日本一の生産量を誇《ほこ》る。

日中両国の文化・教育の縁《えにし》は幾重《いくえ》にも香《かぐわ》しい。

清《しん》王朝の黄金期を築いた乾隆帝《けんりゅうてい》の書写による「御書《ぎょしょ》　妙法蓮華経《みょうほうれんげきょう》」も味わい深い名宝である。万人《ばんにん》の幸福の道を明かした法華経《ほけきょう》の一文に、「我浄土《がじょうど》不毀《ふき》」（我が浄土は毀《やぶ》れず）と記《しる》される。

私が交誼《こうぎ》を結《むす》ぶ中国の国学大師《こくがくたいし》・饒宗頤《じょうそうい》博士は、不死鳥《ふしちょう》の如《ごと》く発展する神戸に感嘆《かんたん》され、この経文《きょうもん》を通して語られた。

「歴史に残るような偉大なことは、大きな艱難《かんなん》があって、それを乗り越えて成し遂《と》げられる」[*2]と。

神戸は不屈《ふくつ》の民衆が大震災を乗り越えて復興《ふっこう》を成し遂げてきた、誇り高き「地上の天宮《てんきゅう》」といってよい。それは東北の被災地《ひさいち》をはじめ、災害と戦う世界の人々を励ます希望と勇気の光である。その光が、いやまして強く輝きゆくことを、私は祈らずにはいられない。

＊1　孫文「農民大連合」堀川哲男・近藤秀樹訳、『世界の名著64』所収、中央公論社、参照。
＊2　饒宗頤／池田大作／孫立川『文化と芸術の旅路』潮出版社

人づくりの光彩《こうさい》に満ちた茨城

【茨城新聞】２０１４年10月２日

ダイヤは、ダイヤで磨《みが》かれる。人を育てるのは人です。人を育てることは、生命という至高《しこう》の宝財《ほうざい》を輝き光らせゆく究極《きゅうきょく》の芸術といえましょう。

常陸《ひたち》の国・茨城は、いにしえより人づくりの光彩《こうさい》に充《み》ち満《み》ちた天地です。日本美術の新たな夜明《よあ》けを告《つ》げた人材群も、ここ茨城から躍《おど》り出ました。

芸術家の使命は、社会の先覚者《せんかくしゃ》として新たな美《び》を創造していくことであり、人々の心を豊《ゆた》かにし、その精神性を高めていくことにある＊1——これは、近代美術の父・岡倉天心《おかくらてんしん》の高邁《こうまい》なる信念です。明治維新《いしん》後の日本が、西洋化の波にのみ込《こ》まれるなかで、天心は伝統芸術を守りつつ、先進的な絵画運動を進めました。

この天心が晩年、弟子たちを薫陶《くんとう》した地が、北茨城《きたいばらき》市の五浦《いづら》でありました。誉《ほま》れの愛弟子《まなでし》・横山大観《たいかん》も、水戸の出身です。

天心や大観たちが、日本美術院の新出発を期《き》し、その本拠を五浦に移転した際、各界の人々が温《あたた》かく歓迎してくれました。

創刊に際し、茨城を「文明の港」と標榜《ひょうぼう》した茨城新聞の前身「いはらき」も、「東洋の五浦として世界の注目を惹《ひ》くに至《いた》るべし*2」と熱《あつ》い期待を寄せ、支援をされています。

そうした文化を愛する茨城の心があればこそ、世界に誇《ほこ》る日本美術の新潮流《ちょうりゅう》が生まれたのではないでしょうか。

私が創立した東京富士美術館でも、所蔵する横山大観《たいかん》の「雪月花《せつげっか》・夜桜《よざくら》（花）」「漁翁《ぎょおう》」「神嶽不二山《しんがくふじさん》」等の他、富士の大作「朝陽霊峰《ちょうようれいほう》」など渾身《こんしん》の名品の数々を展覧し、反響を広げました。

令孫《れいそん》である横山隆氏《たかし》（横山大観記念館館長）は、私どもの美術館での講演会で、明快に語られました。

「素晴らしい師匠との出会い」「多くのよき友との交流」そして「よき芸術環境に恵《めぐ》まれたこと」が、大観の画家としての可能性を開花させた、と。

生まれ故郷《こきょう》である茨城には、まさしく「よき師匠」「よき友」との錬磨《れんま》があり、大自然にも、文化にも、人情にも富《と》める「よき芸術環境」がありました。

とともに、時代を画《かく》する偉大な創造の力《ちから》を鍛《きた》えたのは、試練との悪戦苦闘《あくせんくとう》であったことも、見落とせません。

当時、大観らの新手法は〝朦朧体《もうろうたい》〟などと批判を浴《あ》びせられ、財政的にも精神的にも苦しい逆境《ぎゃっきょう》での制作活動が続きました。

1982.2　茨城・日立市

大観《たいかん》は、艱難《かんなん》の連続であった、この五浦《いづら》の歳月《さいげつ》こそが自身の基礎を築き上げてくれたと、感謝を込《こ》めて回想しているのです。

五浦海岸には、師・天心《てんしん》が自《みずか》ら設計し、読書や思索《しさく》の場とした「六角堂《ろっかくどう》」がありました。ここからは、太平洋に黄金の「光の道」を描き出して昇《のぼ》りゆく旭日《きょくじつ》を仰《あお》ぐことができます。

天心は、二度、インドを訪《おとず》れ、詩聖タゴールとも深い交友を結《むす》びました。二人の友情は、日印の芸術と思想の交流にも、尽《つ》きせぬ貢献《こうけん》を果たしております。

天心から五浦の魅力《みりょく》を聞いていたタゴールは、大正五年（一九一六年）の最初の来日の折、この地に滞在しました。三年前に亡《な》くなった心の友・天心を偲《しの》びながら、大観たち弟子と交流を深めたのです。五浦の六角堂は、世界と対話を広げつつ、気宇広大《きうこうだい》な逸材《いつざい》を薫陶《くんとう》する舞台でもありました。

その六角堂は、残念ながら、先の東日本大震災（二〇一一年）の津波で流失《りゅうしつ》してしまいました。しかし、尊《とうと》き有志の方々の不屈《ふくつ》の努力によって見事に再建され、希望のシンボルと輝いています。

被災《ひさい》された、わが茨城の宝友《ほうゆう》たちも「負けてたまるか」と勇気を奮《ふる》い起こし、前進してこられました。

津波によって壊滅的《かいめつてき》な被害を受けた大洗《おおあらい》の浜辺で、いち早く料理店を再開し、漁業組合のリーダーとして、港の再建に貢献してきた母がいます。

大震災で自宅を失いながらも、移転した団地で住民組織を立ち上げ、被災者の方々を誠心誠意、励ましてこられた北茨城《きたいばらき》市の夫妻もいます。

ニュージーランドの平和学者・クレメンツ博士と私の対談では、災害を乗り越える力《ちから》――「レジリエンス（回復力）」が焦点《しょうてん》となりました。同国も地震によって甚大《じんだい》な被害を受けています。

その語らいのなかで一致したのは、人々の社会参加の意識が高く、心の絆《きずな》が強い地域ほど、復興《ふっこう》が早いという点です。

「共《とも》に行動する地域社会」を築くことが、人災・自然災害に負けない力《ちから》となります。

その連帯を築く鍵《かぎ》となるのが、地域の人々を結《むす》ぶ、郷土《きょうど》の文化や芸術であることも今、再認識されています。

思えば、茨城は、豊《ゆた》かな自然に恵《めぐ》まれ、教育と文化の光にあふれた郷土です。

江戸中期からの匠《たくみ》の技《わざ》が光る笠間焼《かさまやき》や、ユネスコ（国連教育科学文化機関）の無形《むけい》文化遺産《いさん》に登録された結城紬《ゆうきつむぎ》をはじめ、伝統工芸も多彩《たさい》です。竜神峡《りゅうじんきょう》の鯉《こい》のぼりや真壁《まかべ》のひなまつりなど、子どもたちの成長を願う各地のイベントも、また土浦《つちうら》の全国花火競技大会も、ひときわ明るく賑《にぎ》やかです。

梅の名所・水戸の偕楽園《かいらくえん》は庭園文化の粋《すい》であり、水郷潮来《いたこ》のアヤメは園芸文化の精華《せいか》です。さらに、学園都市・未来都市つくばは、悠久《ゆうきゅう》の郷土文化と、宇宙へのロマンも広がる科学・技術が誇《ほこ》りです。

タゴールは、「文化というものは、結合し合いながら新しいものを作り出していく力」[*3]を持っていると語りました。

未曾有《みぞう》の大震災にも力を合わせて立ち向かってこられた誉《ほま》れ高き茨城天地からは、必ずや二十一世紀を担《にな》い立つ逞《たくま》しくスケールの大きな若人《わこうど》が巣立《すだ》ちゆくことでしょう。

我らの日立《ひた》つ国・茨城から、これからの日本と世界を照らしゆく、人間文化の創造の太陽が赫々《かっかく》と昇《のぼ》ることを、私は固《かた》く信じています。

＊1　「美術家の覚悟」、『岡倉天心全集3』所収、平凡社、参照。
＊2　清水恵美子『五浦の岡倉天心と日本美術院』〈『五浦歴史叢書6』〉岩田書院
＊3　「芸術と伝統」三浦徳弘訳、『タゴール著作集9』所収、第三文明社

大九州に　友情と平和の天宮《てんきゅう》を

【西日本新聞】２０１１年10月17日

九州人は、情《なさ》けに厚《あつ》い人生の良き友である。
九州人は、信義を貫《つらぬ》く東洋の同朋《どうほう》である。
九州人は、心開《ひら》かれた世界市民である。

今月（二〇一一年十月）十日、百周年を迎えた「辛亥《しんがい》革命」（一九一一年）にも、中国と九州を結《むす》ぶ、誇《ほこ》り高き人間の絆《きずな》があった。

中国の英傑《えいけつ》・孫文《そんぶん》先生は、「わが国の大事業たる革命に際し、最も多大の援助を貴国の人士、殊《こと》に九州の人士に仰《あお》いでいる」[*1]と語られた。

一九一三年（大正二年）には、九州大学（当時・九州帝大）で講演されている。その模様《もよう》を「広き教室もあふれんばかりの盛況《せいきょう》を呈《てい》し、大喝采《だいかっさい》をもって終わりを告《つ》げた」*1と報道したのは、福岡日日新聞、すなわち今の西日本新聞である。

孫文先生は九州への恩《おん》を生涯、忘れなかった。

孫文先生が、歴代皇帝の居城《きょじょう》たる紫禁城《しきんじょう》の宝物《ほうもつ》を広く民衆に公開するために力《ちから》を尽《つ》くしたのが、故宮博物院《こきゅうはくぶついん》である。その貴重な文物《ぶんぶつ》が、このほど「地上の天宮《てんきゅう》　北京《ペキン》・故宮博物院展」として福岡市で公開される運びとなった。

（福岡展、二〇一一年十月十七日～十一月二十三日、福岡市美術館）

孫文先生も、縁《えにし》深き九州の先人《せんじん》方も、きっと喜んでくださるであろう。

九州には、二千年にわたる中国大陸との一衣帯水《いちいたいすい》の歴史がある。遣隋使《けんずいし》・遣唐使《けんとうし》は、福岡の港から大陸に向かった。博多《はかた》には、往来《おうらい》の窓口となった「鴻臚館《こうろかん》」があった。今回の展示でお世話になる福岡市美術館は、まさにその地に隣接《りんせつ》する。

隣国《りんごく》との活発な交流を通して間断《かんだん》なく学び、日本をリードしてきた先進の天地が九州である。

本展の一つのテーマも「学ぶ心」「育《はぐく》む心」である。

出展《しゅってん》の名画に留《とど》められた、父から経書《けいしょ》を教わる幼《おさな》い皇子《おうじ》の姿も、机に向かい筆《ふで》を執《と》る若き帝《みかど》の顔《かんばせ》も凜々《りり》しい。

福岡は、近年、中国をはじめとする「アジアのゲートウエー（入り口）」として発展を遂《と》げてこられた。毎年秋には「福岡アジアマンス（アジア月間）」と銘《めい》打《う》ち、各所でアジアの文化・芸術・学術などの催《もよお》しが行《おこな》われる。九州新幹線も開通し、開《ひら》かれた学びの広場からは、さらに創造的なネットワークが結《むす》ばれるに違いない。

札幌展や神戸展でも、注目を集めたのが、宮廷《きゅうてい》の女性たちを彩《いろど》る美《び》に光

文豪・巴金氏の自宅に招かれて（1984.6　中国・上海市）

を当てた作品群である。

蓮《はす》をあしらう翡翠《ひすい》のアクセサリーには汚泥《おでい》に染《そ》まらぬ意義が込《こ》められ、水晶や瑪瑙《めのう》製のマッサージローラーも目を引く。健《すこ》やかさや敏捷《びんしょう》さを養《やしな》うため、皆で力《ちから》を合わせてブランコに興《きょう》ずる姿も溌剌《はつらつ》と描かれる。

宮廷《きゅうてい》の母たちに受け継《つ》がれてきた教えからは、健康で若々《わかわか》しく、仲睦《なかむつ》まじい人生の四季を飾《かざ》りゆく知恵が学びとれる。

福岡市や北九州市などは、美容室が多いことでも知られる先端の「美《び》の都《みやこ》」である。文化の秋、いにしえの才媛《さいえん》たちと鑑賞の方々との心の談笑《だんしょう》が楽しく有意義に広がれば、うれしい限りである。

福岡市は、若者の人口比率が、政令指定都市で第一位である。この未来性豊《ゆた》かな天地は、特にアジアから多くの留学生を迎え入れている屈指《くっし》の学都としても名高《なだか》い。

日中の永遠の平和友好を願った文豪・巴金《ぱきん》先生が、福岡アジア文化賞の受賞に際して語られた言葉が、私の胸に蘇《よみがえ》る。

「友情は私の生命のともしびです」

「私の熱《あつ》き心は友の間で燃《も》え続けることでしょう」*2

巴金先生と、青年への信頼を分かち合ってきた私も、全《まった》く同じ心情である。

新しい世紀の「地上の天宮《てんきゅう》」とは、民衆の大地に築かれる青年たちの友情と平和の連帯であろう。大九州の若き世界市民たちが、その建設の先駆《せんく》を進みゆくことを、私は確信してやまない。

＊1　「福岡日日新聞」大正2年3月19日付、参照。
＊2　巴金「私と日本」、福岡アジア文化賞委員会編『福岡アジア文化賞の人々』所収、連合出版

「文《ふみ》の国」鳥取　活字文化の大光《たいこう》

【日本海新聞】2012年9月15日

本を開《ひら》くことは、新たな世界への扉《とびら》を開くことです。そこから、自由闊《かっ》達《たつ》な「心の旅」が始まります。

名作『敦煌《とんこう》』などで知られる作家の井上靖《やすし》先生は、戦時中、家族が鳥取県日南町《にちなんちょう》に疎開《そかい》されており、ご自身もしばしば通《かよ》われました。

その時期、読み進められたのが、西域《せいいき》関係の書物です。戦争で分断され、実際に訪《おとず》れることが許されない大地にも、たゆまぬ読書を通して探究《たんきゅう》を進め、のちのロマン薫《かお》る創作への糧《かて》とされたのです。

作家・井上靖氏と語らい（1975.3　東京・新宿区）

こうした読書の喜びを、井上先生と語り合ったことが、懐《なつ》かしく思い起こされます。
「青春こそ、生涯に二度とない読書の季節である」*1とは、先生の忘れ得ぬ言葉です。

読書の秋の到来《とうらい》を告《つ》げるように、二十日から米子《よなご》産業体育館で「世界の書籍展」が開催されます。（二〇一二年九月二十日〜二十五日）
約二百七十点の展示品一つ一つが、書籍の魅力《みりょく》を伝えてくれます。
まるで妖精《ようせい》が作ったような豆本《まめほん》には、拡大鏡《きょう》でようやく判読《はんどく》できる文字で、立派な物語が綴《つづ》られています。一方で二メートル超の巨大本「ガリバー・ブック」もあり、おとぎの国を旅したようです。
ギリシャ語版の『プラトン全集』や、目・耳・口の三重苦を乗り越えたヘレン・ケラーの直筆《じきひつ》など、貴重な歴史の資料もあります。

鳥取は、奥行《おくゆ》きの深い書籍文化を築いてこられた天地です。因州和紙《いんしゅうわし》には和綴《わと》じ本や便箋《びんせん》、日本一の書道用紙の伝統が光ります。私の創立した関西創価学園の生徒たちも近年、鳥取市佐治町《さじちょう》での紙すき体験などを通し、「書の国」「文《ふみ》の国」の技《わざ》と心を学んできました。

鳥取県は、県民百人当たりの蔵書数で日本一の県立図書館の充実でも知られます。小・中学校の「朝の読書」運動の実施率も全国を大きくリードし、またすべての県立高校で図書館司書の方が読書活動を支援されています。

さらに、県民の投票による「地方出版文化功労賞」は、ベストセラー誕《たん》生《じょう》の契機《けいき》ともなっています。「まんが王国」としての世界への発信も注目されます。

まさしく、わが鳥取県には、未来へ向かって「読書文化」「活字《かつじ》文化」の創造性が力強く躍動《やくどう》しているのです。

良書には、厳《きび》しい試練と戦う人間の魂《たましい》を励ます力《ちから》があります。

あの大戦中、軍部政府の投獄にも屈《くっ》しなかった私の師・戸田《とだ》先生が大事にした一書は、フランスのデュマの傑作《けっさく》『モンテ・クリスト伯《はく》』でした。

この物語を戦前、青少年向けに『巌窟王《がんくつおう》』として翻訳《ほんやく》したのが、鳥取出身の人気作家・野村愛正《あいせい》氏です。「鳥取新報」（現・日本海新聞）の若き記者としても、活躍されました。

陰謀《いんぼう》のゆえ、十四年も孤島《ことう》に囚《とら》われた青年主人公が、悪党に復讐《ふくしゅう》し、恩《おん》人《じん》に恩返《おんがえ》しを果たす大活劇は、有名な言葉で結《むす》ばれます。

「待て、そして希望せよ！」*2

どんな逆境《ぎゃっきょう》にも、自《みずか》らを磨《みが》いて時を待つ。そして希望を掲《かか》げ理想に生きる。人生の極意《ごくい》が凝縮《ぎょうしゅく》した一言です。

読書は心の財産《たから》を養《やしな》います。誠実で粘《ねば》り強い鳥取人気質《きしつ》の一つの源泉《げんせん》も、読書といえましょう。

「善《よ》く読む」ことは、「善く生きる」ことに通じます。

美しき「文《ふみ》の国」の秋を彩《いろど》る書籍展が、新たな世界への扉《とびら》を開《ひら》く広場となれば、これほどの喜びはありません。

＊1 「読書のすすめ」、『井上靖全集24』所収、新潮社

＊2 アレクサンドル・デュマ『巌窟王』野村愛正訳、大日本雄弁会講談社

新潟の空に平和の飛翔《ひしょう》

【新潟日報】2014年10月2日

かの『万葉集《まんようしゅう》』に「桃花鳥《とき》」と詠《うた》われ、お隣《となり》の中国で「吉祥《きっしょう》の鳥」と愛《め》でられた朱鷺《とき》には、命《いのち》のロマンの光彩《こうさい》があります。

近年、乱獲《らんかく》などで絶滅《ぜつめつ》の危機に瀕《ひん》していた、この朱鷺を見事に蘇《よみがえ》らせたのは、日本と中国の深き友誼《ゆうぎ》の心です。

一九九九年（平成十一年）、中国から贈っていただいた貴重なつがいの朱鷺が、佐渡《さど》で新たな命を宿《やど》しました。国内初の人工孵化《ふか》の成功に、日本中が喜びに沸《わ》きました。

朱鷺の保護に心血《しんけつ》を注《そそ》ぎ、協力を重《かさ》ねてこられた日中の先人《せんじん》たち、なかんずく新潟の方々の労苦《ろうく》の汗《あせ》と涙で創《つく》られた歴史です。

このたび、朱鷺が結《むす》んだ両国の絆《きずな》を讃《たた》え、中国最高峰の「上海《シャンハイ》歌舞団《かぶだん》」による新舞劇《ぶげき》「朱鷺」が、新潟市と佐渡市で上演される運びとなりました。

（二〇一四年十月九日＝新潟テルサ、同十二日＝アミューズメント佐渡）

構想より四年の歳月《さいげつ》をかけ、苦闘《くとう》の末《すえ》に完成した作品です。高い芸術性と創造性で、自然と人間の共生《きょうせい》を謳《うた》い上げ、生命の躍動《やくどう》の美《び》を表現した舞劇は、朱鷺が舞《ま》う大空のように、両国の心と心をつなぐことでしょう。

舞劇「朱鷺」には、蘇生《そせい》をもたらす「友誼の舞《まい》」があります。友情によって蘇った朱鷺の如《ごと》く、信じ合う命が織《お》りなすドラマは、あらゆる障壁《しょうへき》を越えて、新たな希望を生み出します。

かけがえのない生命を慈《いつく》しみ、美しい環境を守り抜こうとする心に、民族の違いはありません。

戦争を憎《にく》み、平和な世界を次の世代に創《つく》り残そうとする心に、国境の壁《かべ》はありません。

舞劇《ぶげき》のエピローグでは、老《お》いた主人公が大切にしていた朱鷺《とき》の羽が、朱鷺を愛し守りゆかんとする若き学生の手へと託《たく》されます。

それは、友情の心、共生《きょうせい》の心、信頼の心を受け継《つ》いでくれる青年たちの象徴《しょうちょう》でもありましょう。

上海歌舞団《シャンハイかぶだん》も、若き力《ちから》で新時代の芸術を創造されています。

千年の時空を超《こ》えて華麗《かれい》に展開される舞劇「朱鷺」。この友舞《ゆうまい》から、美しき新潟の天高く、希望の未来へ、両国の青年の大いなる平和の飛翔《ひしょう》が始まることを、私は念願しています。

舞劇「朱鷺」のプレビュー上演会（2014.10　新潟・佐渡市）

創造的生命の渦潮《うずしお》を徳島から

【徳島新聞】2015年4月29日

「渦《うず》」は、躍動《やくどう》する生命のエネルギーの象徴《しょうちょう》です。私たちの太陽系も〝星の卵《たまご》〟の回転の渦から誕生しました。

世界に誇《ほこ》る鳴門《なると》の渦潮《うずしお》には、見る人の命《いのち》を鼓舞《こぶ》し、啓発《けいはつ》してやまない力《ちから》が漲《みなぎ》っています。それは、江戸時代に文人画《ぶんじんが》を確立した大家・鈴木芙蓉《ふよう》の名作など、数々の美《び》の至宝《しほう》も育《はぐく》んできました。

自然にも、文化にも、創造的生命が渦巻《うずま》く、この徳島県の天地で、「美の饗宴《きょうえん》 西洋絵画の300年」展が開催の運びとなりました。本展を企画した東京富士美術館の創立者として、心より感謝申し上げます。（二〇一五年四月二十九日～六月二十一日、徳島県立近代美術館。徳島新聞社等が主催）

徳島新聞は、終戦の直前、大空襲で社屋《しゃおく》を焼失《しょうしつ》した、その翌日から発行を再開されました。

今年は戦後七十年。「われらは文化の灯《ともしび》となる」と信条を掲《かか》げ、不屈《ふくつ》の信念を貫《つらぬ》いてこられた言論城と共々《ともども》に、芸術の交流を通し、さらなる平和の光をと願っております。

四国は「志国《しこく》」すなわち「志《こころざし》の国」なり。私は友人たちと、そう語り合ってきました。

徳島には〝志の渦〟があり、〝学びの渦〟があります。そこに、尽《つ》きることのない創造力が湧《わ》き出《い》ずるのではないでしょうか。

国宝の「源氏物語絵巻《えまき》」や「紫式部日記絵巻《むらさきしきぶ》」等が、徳島藩主《はんしゅ》の蜂須賀《はちすか》家《け》に収集され、守り伝えられたことも、深き志《こころざし》の歴史です。藩主《はんしゅ》たちは絵師を重用《ちょうよう》し、自《みずか》ら教えを受けつつ、一層の美《び》の創造を促《うなが》してきました。

その絵師の一人・守住貫魚《もりずみつらな》は、王朝文化から学びながら、幕末と明治期に不朽《ふきゅう》の名作を残しております。

洋の東西を問わず、古典文化は、無窮《むきゅう》の創造の源《みなもと》となります。

今回の展示で紹介される巨匠ダビッドは「源泉《げんせん》に立ち帰る必要がある」[*1]と、古代ギリシャの文化を探究《たんきゅう》しました。そこからくみ上げた英知の筆で描かれた英雄ナポレオンの肖像が、「サン＝ベルナール峠《とうげ》を越えるボナパルト」です。

守住貫魚の弟子・原鵬雲《はらほううん》は、幕末の遣欧《けんおう》使節団に随行《ずいこう》し、西洋美術に直接触《ふ》れ、ナポレオンの肖像画に感動しました。帰国した、この弟子から、師匠もまた西洋文化を真摯《しんし》に吸収したといいます。

伝統を重《おも》んじつつ、進取《しんしゅ》の気性に富《と》む。ここにも徳島の志があります。その志は、阿波《あわ》藍《あい》が染《そ》めを重《かさ》ねるごとに青色が増すように、若き後継の人材に

2010.4　東京・八王子市

よって、いよいよ光彩《こうさい》を増しゆくものでしょう。

「青は藍《あい》より出《い》でて藍より青し」です。

それは、十七世紀から二十世紀に至《いた》る本展の作品群を貫《つらぬ》く美《び》の創造の志《こころざし》と、強く共鳴《きょうめい》しております。

原鵬雲《はらほううん》とほぼ同時代に活躍したゴーギャンは呼びかけました。

「友よ、勇気を出し給《たま》え。そして、もう一度難局《なんきょく》に立ち向かい給え*2」と。


絵画と一緒に幾世紀《いくせいき》を旅する展示には、多彩《たさい》な女性美をはじめ、生命の讃歌《さんか》との出あいがあります。

華麗《かれい》な宮廷《きゅうてい》文化を彩《いろど》る貴婦人の肖像にも、平和な田園《でんえん》の母と子の情愛にも、溌剌《はつらつ》たる漁師の娘の笑顔にも、命《いのち》の輝きが描き出されています。

ミレーの名品「鵞鳥番《がちょうばん》の少女」では、鳥の声が響《ひび》きわたる水辺《みずべ》で、人と自然が一体となって共《とも》に生きています。

その心情を、ミレーは「ああ、生命よ！　みんな一緒の生命よ！」[*3]と手紙に綴《つづ》りました。

ルノワールは、働く女性の姿や、快活《かいかつ》な生命の美しさを讃嘆《さんたん》しています。生きる「悦《よろこ》び」を表現し、「晴れやかなものを作り出そう」[*4]と挑《いど》み続けました。

重《おも》いリウマチなど多くの苦難《くなん》にも怯《ひる》まず、ルノワールは「まだまだ進歩している」[*5]と胸を張りました。その陰《かげ》には、いつも生き生きとした雰囲気を作り、応援してくれた夫人の存在があったのです。

互《たが》いに励まし合い、苦楽《くらく》を分かち合う同志の絆《きずな》は、心の名画を織《お》り成すものでしょう。

古来、徳島の女性「阿波女《あわおんな》」は〝働き者〟と謳《うた》われてきました。日頃《ひごろ》、忙《いそが》しい母たち、女性たちをはじめ、ご家族や友人方で、楽しく和《なご》やかに本展を鑑賞していただければ、うれしい限りです。

文化を創造する舞台は、身近《みぢか》な地域にあります。十八世紀に、カナレットがローマの広場を描写《びょうしゃ》した作品からは、地域そのものを「劇場」と捉《とら》える眼が伝わってきます。四百年の歴史を誇《ほこ》る阿波踊《あわおど》りは、まさに生命の歓喜の舞《まい》で、地域を明るく、にぎやかな劇場に変えてきました。常に新たな踊りを創《つく》り出し続け、明年（二〇一六年）はパリでも公演が計画されていると伺《うかが》っています。徳島市、神山町《かみやまちょう》、牟岐《むぎ》・出羽島《てばじま》など、芸術の力《ちから》で心を結《むす》び、地域を活性《かっせい》化《か》する挑戦も朗《ほが》らかです。

農村舞台で演じられてきた阿波《あわ》人形浄瑠璃《じょうるり》は、かけがえのない民衆文化の継承《けいしょう》です。

私が対談したフランスの元文化大臣で作家のアンドレ・マルロー氏は、日本の美術とともに、人形浄瑠璃に魅了《みりょう》されていました。氏が願っていたことは、創造的生命を現代に蘇《よみがえ》らせることです。

徳島県は、「世界に誇れる文化を発信する」と宣言されています。敬愛《けいあい》する徳島から、創造的生命の渦潮《うずしお》が、一段と力強く広がりゆくことを、私は期待しています。

＊1　鈴木杜幾子『画家ダヴィッド』晶文社
＊2　東珠樹訳編『ゴーギャンの手紙』美術公論社
＊3　一八六七年一月二十七日付、友人サンスィエ宛手紙の一節
＊4　ジャン・ルノワール『わが父ルノワール』粟津則雄訳、みすず書房
＊5　ピーター・H・フェイスト『ピエール・オーギュスト・ルノワール　夢みるハーモニー』ノリコ・ヒロカワ訳、タッシェン・ジャパン

東西の美《び》の都《みやこ》に輝く黄金の精神

【京都新聞】2015年8月20日

都市と都市の文化の交流には、世界市民の心の絆《きずな》を強め、新しき創造性を薫発《くんぱつ》する力《ちから》があります。

今年（二〇一五年）は、東西に輝く「美《び》の都《みやこ》」京都市とフィレンツェ市の姉妹都市の提携《ていけい》より五十周年。この佳節《かせつ》に、「レオナルド・ダ・ヴィンチと『アンギアーリの戦い』展」が開催となり、喜びに堪《た》えません。（京都展、二〇一五年八月二十一日～十一月二十三日、京都文化博物館）

今月（八月）四日には、イタリアの若きレンツィ首相も京都市に来訪し、本展の大成功を念願されました。

美術史家ヴァザーリの列伝《れつでん》は、イタリア・ルネサンスの電源地であるフィレンツェの特徴を「真に良いものの真に美しいものを尊敬する気風《きふう》がある」[*1]としています。

これは同時代に、〝日本のルネサンス〟と謳《うた》われる桃山《ももやま》文化を開花させた京都の息吹《いぶき》でもありましょう。

偉大な学びの心がありてこそ、偉大な美の創造が生まれます。

自然や先人《せんじん》から、忍耐強く学び抜いて、「新しいものを新たに自分で創《つく》ろう」[*2]と開拓を貫《つらぬ》いたのが、レオナルド・ダ・ヴィンチです。

国宝「タヴォラ・ドーリア」を中心とする今回の展示は、「アンギアーリの戦い」の壁画《へきが》に込《こ》めたレオナルドの渾身《こんしん》の挑戦が、時を超《こ》え、国を超え、芸術の革新を起こしてきたことを教えてくれます。

京都生まれの竹内栖鳳《せいほう》画伯は、一九〇〇年から渡欧《とおう》し、フィレンツェ等を訪《おとず》れ、レオナルドの傑作《けっさく》に感激しました。そして、自分の型を破り、開拓を続けていくのです。そこには、積極的に多様な文化を吸収し、伝統を活性《かっせい》化《か》しつつ、創造力を高めゆく京都の心が漲《みなぎ》っています。

第二次世界大戦中にナチスの魔手から至宝《しほう》「モナ・リザ」を守り抜いた美学者ルネ・ユイグ氏と、私は京都で東洋と西洋の美《び》の共鳴《きょうめい》を語り合った思い出があります。氏は、レオナルドが描く女性の微笑《びしょう》と、仏陀《ぶっだ》の慈悲《じひ》の微笑との連関性を強調されていました。

本展では、激しい戦闘の絵画とともに、幼子《おさなご》を微笑《ほほえ》み慈《いつく》しむ母を描いた「聖アンナと聖母子」も出品されています。

〝日本のレオナルド〟たる本阿弥光悦《ほんあみこうえつ》の母は、子らの心が勇《いさ》み立つように、良いところを大いに褒《ほ》めたといいます。母の慈愛《じあい》と善心《ぜんしん》は、大いなる創造の魂《たましい》を育《はぐく》みました。それが、琳派《りんぱ》四百年の生命讃歌《さんか》へとつながり、西洋美術にも波及《はきゅう》していったのです。

イタリアの国宝「タヴォラ・ドーリア」を鑑賞する人々（2015.8　京都市）

名画「レダと白鳥」は、レオナルドが王妃レダを何度も素描《そびょう》して創意工夫《そういくふう》し、その下絵を基《もと》に弟子が仕上げたと考えられています。

ルネサンス期の数々の名作には、師匠と弟子が力《ちから》を合わせて創《つく》り上げ、そのなかで人材が育っていった、麗《うるわ》しいドラマが秘《ひ》められています。

平安朝にさかのぼれば、「源氏物語」でも、「道々に物の師あり」[*3]と、その道の師匠から学ぶ意義が語られました。

千年の都《みやこ》・京都が誇《ほこ》る多彩《たさい》な芸術・芸能も、伝統工芸も、和食文化も、師の薫陶《くんとう》、師弟の共同、仲間との錬磨《れんま》によって発展し、勝ち栄《さか》えてきたといえましょう。

ここに、京都とフィレンツェのたゆみなき〝ルネサンス〟の成長力があるのではないでしょうか。

「タヴォラ・ドーリア」は実《じつ》に五百年の歳月《さいげつ》を経《へ》て公開され、妙《たえ》なる美《び》の黄金の光が解《と》き放たれる時を迎えています。

ルネサンスの哲人フィチーノは、文化栄えるフィレンツェの「黄金時代」を、「黄金の精神の持ち主を数多く生み出した時代である」[*4]と讃《たた》えました。

今、京都は世界の人気観光都市としてもトップです。人類の憧《あこが》れの文化首都での本展が、開《ひら》かれた世界市民の「黄金の精神」をいよいよ輝かせ、愛する大関西の新たな「黄金時代」を告《つ》げゆくことを、私は祈ってやみません。

＊1　ジョルジョ・ヴァザーリ「ピエートロ・ペルジーノ」平川祐弘訳、『続　ルネサンス画人伝』所収、白水社
＊2　レオナルド・ダ・ヴィンチ著、下村寅太郎他監修『マドリッド手稿Ⅰ　本文翻刻』清水純一訳、岩波書店
＊3　阿部秋生・秋山虔・今井源衛・鈴木日出男校注・訳『源氏物語2』小学館
＊4　米田潔弘『メディチ家と音楽家たち』音楽之友社

第三章

平和の暁鐘《ぎょうしょう》

2007.2　東京・新宿区

核なき世界への礎《いしずえ》
広島の「誓《ちか》い」こそが力《ちから》

【中国新聞】2015年7月3日

「誓《ちか》い」は「力《ちから》」である。

どれほど現実の壁《かべ》が厚《あつ》くとも、人間はそれを乗り越え、未来を拓《ひら》くことができる。その源泉《げんせん》となるものこそ、歴史の教訓を胸に、同じ悲劇を二度と誰にも味わわせてはならないとする「誓い」ではなかろうか。

広島に脈打《みゃくう》つ「誓い」。それは、核なき世界への礎《いしずえ》であり、人類を結《むす》び、平和を創《つく》る、最もかけがえのない力である。

四月（二〇一五年）から五月にかけ、ニューヨークの国連本部で行《おこな》われた核拡散防止《かくさんぼうし》条約（NPT）再検討《さいけんとう》会議は、最終合意が得られぬまま閉幕した。前回（二〇一〇年）の会議以降、核兵器の非人道性《ひじんどうせい》をめぐる議論が高まり、廃絶《はいぜつ》に向けた具体策の検討も呼びかけられていただけに、意見の溝《みぞ》が埋《う》まらず、問題が先送りされたことは誠に残念でならない。

だが、決して希望が失われたわけではない。

「不可抗力《ふかこうりょく》と見えたものが、人間の積極的な決断から発《はっ》した人間の行為によって逆転した例は珍《めずら》しくない」*1。これは、戦後、広島での取材を原点に核廃絶を訴《うった》え続けたジャーナリスト、ノーマン・カズンズ氏の言葉だ。

原爆孤児《こじ》への支援や、被爆《ひばく》した少女の渡米《とべい》治療に奔走《ほんそう》された氏は、後年、特別名誉市民として広島の一員に連《つら》なったことをこの上ない誇《ほこ》りとされた。逝去《せいきょ》の直前、私との対談のなかで、人間の尊厳《そんげん》とは互《たが》いの生命を大切にする「連帯」の謂《いい》に他《ほか》ならないと強調されていたことが忘れられない。

この「連帯」の拡大を展望する上で注目すべき動きが、今回の再検討会議でも見られた。

「核軍縮は国際法上の義務にとどまらず、道徳的かつ倫理《りんり》的に欠くべからざるもの」と訴えた南アフリカ共和国をはじめ、各国の代表が核兵器の非人道性をめぐって相次《あいつ》ぎ発言に立った。最終日には、核兵器を忌《い》むべきものとして禁止し廃絶する努力を誓《ちか》う「人道の誓約《せいやく》」への賛同が、百七カ国にまで広がったのだ。

会議自体は決裂《けつれつ》に終わったものの、NPT加盟国の半数以上が、核問題の解決を自《みずか》らの「誓い」と位置付けた意義は大きい。

今後の焦点《しょうてん》は、その「連帯」の裾野《すその》をさらに広げながら、核問題の膠着《こうちゃく》状況を打ち破るための〝橋頭堡《きょうとうほ》〟をつくり出すことにある。

核兵器の非人道性は、圧倒的な破壊力や救援《きゅうえん》の困難性だけにあるのではない。

そのことを浮《う》き彫《ぼ》りにしたのが、再検討会《さいけんとう》議で上映された映像だった。原爆投下前に広島の爆心地周辺で暮《く》らしていた人たちの営《いとな》みを復元したものだ。原爆ドームの東隣にあった家で育ち、原爆によって両親と弟を亡《な》くした、映像作家の田辺雅章《まさあき》氏が制作された作品である。

「当時広島で暮らしていた人たちの『顔』を想像してほしかった」と田辺氏が語るように、一人一人の身に何が起きたのか、その真実にこそ目を向ける必要がある。

どれだけ懸命に生きようと、生活の営みを積《つ》み重《かさ》ねようと、一瞬ですべての意味を奪《うば》い去《さ》ってしまう。この理不尽《りふじん》さに、核兵器の非人道性《ひじんどうせい》の核心部分があると思えてならない。

原爆の惨禍《さんか》を目《ま》の当たりにした世代が少なくなるなか、広島では、被爆者《ひばくしゃ》の記憶に残る光景《こうけい》を高校生が絵画にする「次世代と描く原爆の絵」の活動をはじめ、重要な取り組みが広がっている。今年（二〇一五年）の四月には、被爆者から受け継《つ》いだ体験を自分の言葉で語る「被爆体験伝承者《でんしょうしゃ》」の講話会もスタートした。ともすれば風化しかねない被爆体験を、わが身に置き換えて追体験し、今度は自分が〝伝える使命〟を担《にな》っていく。こうした誓《ちか》いの継承《けいしょう》こそ、「人類と核兵器は共存《きょうそん》できない」との広島の心を時代精神に高めゆく、確固《かっこ》たる基盤となるものだ。

再検討会議の期間中も、広島の若人《わこうど》たちがニューヨークで意欲的《いよくてき》な活動を行《おこな》ったことを、中国新聞の記事で知った。なかでも印象深かったのは、中国新聞のジュニアライターとして取材に臨《のぞ》んだ、二人の高校生による特集記事である。そこには時折《ときおり》感じてきたという、「私たち一般市民が訴《うった》えたところで世界は動くのか」との不安も率直《そっちょく》に綴《つづ》られていた。

しかし、それも次第《しだい》に晴れていったという。非政府組織（ＮＧＯ）への取材や現地の学生との交流を通じて、確信と勇気が湧《わ》いてきた、と。

「個人レベルでは誰にとっても核兵器は不必要なはずです。未来は私たち若者がつくります」との決意が、紙面で輝いていた。

原爆投下から七十年を迎える八月（二〇一五年）には、広島で包括的《ほうかつてき》核実験禁止条約（CTBT）の賢人《けんじん》会議と国連軍縮会議が行《おこな》われる。

安全保障は国家の専権《せんけん》事項とされ、なかでも核政策は最も動かし難《がた》い壁《かべ》となってきた。

しかし、世界の民衆の立場から見れば、核兵器は「誰にとっても不必要な存在」であるばかりか、「どの国の人々に対しても絶対に使用されてはならない兵器」そのものである。

今こそ、非人道性《ひじんどうせい》への懸念《けねん》の高まりを突破口《とっぱこう》に、新しい流れを断固《だんこ》として生み出すべき時だ。その最大の原動力となるのが、各国と市民社会の間《あいだ》で広がる〝核なき世界〟への誓《ちか》いである。

1985.10　広島市の原爆ドーム

私どもも、他のNGOと協力して「核兵器廃絶《はいぜつ》のための世界青年サミット」を八月（二〇一五年）に広島で行《おこな》い、核兵器の禁止を断固《だんこ》として求めていく決意である。

かつてカズンズ氏が限りない期待を寄せておられたように、広島の天地には「人間の運命への強い確信」が脈打《みゃくう》っている。広島の七十年の限りなき命《いのち》の輝きこそ、「人間の運命に希望あり」と確信すべき、最大の証左《しょうさ》ではないだろうか。

今再《ふたた》び広島から、「人間の運命への強い確信」に立って、原爆投下七十年という節目《ふしめ》を、核時代に終止符《しゅうしふ》を打つために世界が大きく踏《ふ》み出す、歴史の転換点《てんかんてん》にしなければならない。

二十一世紀の人類の未来は、この誓《ちか》いの挑戦にかかっている。

＊1　ノーマン・カズンズ『人間の選択』松田銑訳、角川書店

核兵器廃絶《はいぜつ》へ　長崎の挑戦

【長崎新聞】２０１５年８月３日

歴史を変える力《ちから》がある。悲劇を悲劇のままで終わらせず、未来への希望を創《つく》り出していく——長崎の心には、その不屈《ふくつ》のエネルギーが漲《みなぎ》っている。

先月（二〇一五年七月）、イランの核開発問題に関する合意が成立した。一時は軍事的な緊張も高まっていただけに、外交努力で平和的解決の道が開《ひら》かれた意義は大きい。

しかし、こうした不拡散《ふかくさん》の取り組みだけでは、「核兵器に覆《おお》われた世界」が、いつまでも続きかねないのも事実である。

そもそも、〝良い核兵器〟も〝悪い核兵器〟もない。どの国が保有《ほゆう》しようと、非人道性《ひじんどうせい》の本質に変わりがないからだ。

「生き残った被爆者《ひばくしゃ》の魂《たましい》は、『二度と起こしてはならない』と叫《さけ》び続ける」長崎で被爆した田中熙巳《てるみ》さんが、先の核拡散防止《かくさんぼうし》条約（ＮＰＴ）再検討《さいけんとう》会議（二〇一五年四月〜五月）で強く訴《うった》えられたのは、この一点であった。

会議は具体的な成果が出なかったが、長崎から九十八人もの方々がニューヨークに足を運ぶなか、新しい希望が立ちのぼった。核兵器の禁止と廃絶《はいぜつ》に向けて行動を誓《ちか》う「人道の誓約《せいやく》」の賛同国《さんどうこく》が大きく広がり、その数は、現在、百十三カ国に及《およ》ぶ。

核廃絶は、核使用を容認《ようにん》する余地《よち》をなくすことから始まる。そのための楔《くさび》こそ、被爆者の方々が掲《かか》げてこられた「人道」の旗印《はたじるし》なのである。

長崎新聞社では、その貴重な証言の数々を、「忘られぬあの日　私の被爆

平和祈念像の前で原爆犠牲者の冥福を祈り献花（1982.5　長崎市）

ノート」として、長年、発信されてきた。

私どもの長崎平和委員会でも、新たな被爆《ひばく》証言集『語りつぐナガサキ』を発刊した。

「子や孫《まご》や、後に続く世代には、私たちが経験した苦しみを決して味わわせてはならない、といつも思っています」。六歳で被爆した女性の悲願である。

戦後、核の使用を為政者《いせいしゃ》に思い止《とど》まらせてきた背景には、広島と長崎の惨劇《さんげき》が繰《く》り返されることへの恐《おそ》れがあったのではないのか。辛《つら》い記憶を呼び起こしてまで語り続けてきた被爆者の方々の存在があればこそ、その恐れを世界が忘れず、核兵器を実質的に〝使えない兵器〟にしてきたのではないだろうか。

原爆投下から七十年を迎えた今、〝使えない兵器〟からさらに一歩進めて、〝この世にあってはならない兵器〟として、全面禁止に導《みちび》く流れを、何としても生み出していかねばならない。

その最大の担《にな》い手となるのが、被爆者の方々の思いを継承《けいしょう》しゆく若い世代である。

「被爆者の高齢化で核廃絶《はいぜつ》の声が小さくなるというのなら、私たちが大きくしていく」

この尊《とうと》く頼《たの》もしき心で、長崎の若人《わこうど》を中心とする高校生平和大使たちは、何度も何度も街頭に立ち、のべ百十七万人もの署名《しょめい》を集めてきた。

NPT再検討《さいけんとう》会議の準備委員会や本会議に派遣《はけん》されてきた、ナガサキ・ユース代表団の学生の活躍も光る。特筆すべきは、五月（二〇一五年）に国連で行《おこな》われた平和教育をめぐる集《つど》いでの研究発表だ。

原爆の悲惨《ひさん》さを伝える教育に加え、核廃絶を不可能視する〝あきらめの壁《かべ》〟を乗り越えるための教育にも力《ちから》を入れるべきとの提案に、「とても前向きで、最も感銘《かんめい》を受けた」との声が寄せられたのである。

こうした青年たちに脈打《みゃくう》つ大情熱こそ、長崎が世界に贈りゆく無上《むじょう》の宝《たから》であろう。

「核廃絶《はいぜつ》運動の良心」と讃《たた》えられた、パグウォッシュ会議のロートブラット博士も、私に、志《こころざし》を受け継《つ》ぐ若者こそ何よりの希望、と強調されていた。

十一月（二〇一五年）には、ここ長崎でパグウォッシュ会議の世界大会が開《ひら》かれる。博士が晩年、育成に心血《しんけつ》を注《そそ》いだ、学生・ヤングパグウォッシュの国際会議も、大会に先駆《さきが》けて行《おこな》われると伺《うかが》った。

また今月（八月）五日と六日には、百六十二カ国・地域の青少年が長崎に集《つど》い、核の悲惨《ひさん》さを学び交流を深め合う、世界こども平和会議が開催される。

先哲《せんてつ》の至言《しげん》に、「未来の果《か》を知らんと欲《ほっ》せば其《そ》の現在の因《いん》を見よ」とある。

未来を担《にな》う世代が立ち上がり、平和の潮流《ちょうりゅう》を強め広げていく――この歴史を変える長崎の挑戦がある限り、「戦争と核兵器のない世界」は必ずや実現できると、私は信じてやまない。

復興《ふっこう》へ　創造的応戦《おうせん》

【IPS通信】2011年7月4日

人間の心は、妙《たえ》なる力《ちから》を秘《ひ》めている。それは、いかなる絶望からも、「希望」を生み出す力である。最悪の悲劇からさえも蘇生《そせい》し、「価値」を創造する力である。三月十一日（二〇一一年）に東日本を襲《おそ》った大震災においても例外ではない。

大地震・大津波の発生後、世界中の方々から、ありとあらゆる形で励ましのお見舞《みま》い、真心あふれる救援《きゅうえん》、支援をいただいた。私たち日本人は、この恩義《おんぎ》を決して忘れることなく、道は遠くとも、未来を見つめて、復興《ふっこう》への歩《あゆ》みを断固《だんこ》として進めていきたい。それが、世界の皆様から寄せていただいた無量《むりょう》の善意《ぜんい》へのご恩返《おんがえ》しと確信するからだ。

歴史家トインビー博士は、「挑戦と応戦《おうせん》」という法則を強調されていた。

「文明というものは、つぎつぎに間断《かんだん》なく襲《おそ》いきたる挑戦に対応することに成功することによって誕生《たんじょう》し、成長するものである」*1

人類にとって、こうした苦難《くなん》との戦いは今後も止《や》むことはあるまい。未曾有《みぞう》の甚大《じんだい》な被害をもたらした大震災に対し、私たちはいかにそこから立ち上がり、「応戦」していくか。試練が大きいからこそ、一つ一つの課題に真摯《しんし》に粘《ねば》り強く立ち向かうなかで、創造的な人間の英知と前進の軌跡《きせき》を、後世《こうせい》に示し残せるはずだ。

そこで私が強調したいのは、崩《くず》れざる人間の共同体の建設である。

想像を絶《ぜっ》する大地震と大津波の襲来《しゅうらい》から、九死《きゅうし》に一生《いっしょう》を得《え》た体験には、近隣《きんりん》の住民同士のとっさの「助け合い」によるものが多くあった。さらに、通信・水道・電気・ガス等のライフラインが断《た》たれたままの数日間から数週間、被災者《ひさいしゃ》の方々の命《いのち》をつないだ大きな力《ちから》も、日常的な生活圏《けん》に息《いき》づく地縁《ちえん》や地域の共同体の「支え合い」であった。

自《みず》から被災し、家族を亡《な》くされ、家や財産を失いながら、手元のわずかな食料《しょくりょう》等を惜《お》しまず分かち合い、他者の救援《きゅうえん》や生活再建のために奮闘《ふんとう》する気《け》高《だか》き方々を、私も数多く存じ上げている。いざという時に発揮《はっき》される崇高《すうこう》な人間性の真髄《しんずい》の光に、あらためて感動を禁《きん》じ得ない。

私ども創価学会も、被災地の全会館を避難所《ひなんじょ》として開放し支援に当たってきたが、そこでも無数の善意《ぜんい》の協力があった。

震災直後、首都圏《しゅとけん》からの交通網《もう》が混乱するなか、新潟の有志が別ルートから被災地《ひさいち》へ支援物資《ぶっし》を即座《そくざ》に届けてくれたことも、忘れ難《がた》い。中越《ちゅうえつ》地震（二〇〇四年）、中越沖《おき》地震（〇七年）と度重《たびかさ》なる震災と戦ってきた方々は、被災者に何が必要かを痛《いた》いほど分かっている。水、おにぎり、非常食《ひじょうしょく》、発電機《はつでんき》、重油《じゅうゆ》、簡易《かんい》トイレ等が、夜を徹《てっ》して準備され、迅速《じんそく》に続々《ぞくぞく》と運ばれた。「新潟の地震の際も、多くの人の支えによって復興《ふっこう》できました。今度は私たちが応援する番です」と、友は語っていた。

いうまでもなく、災害は忌《い》まわしい惨禍《さんか》に他《ほか》ならない。しかし、近年のスマトラ島沖地震・インド洋大津波（〇四年）、中国・四川《しせん》大地震（〇八年）、ハイチ地震（一〇年）なども含《ふく》め、幾多《いくた》の災害に際して、世界のいずこでも、勇敢にして思いやりに満《み》ちた民衆による相互援助《そうごえんじょ》の共同体が現出《げんしゅつ》することは、何と荘厳《そうごん》な光景《こうけい》であろうか。ここに、人間生命に本源的《ほんげんてき》に内在《ないざい》する誇《ほこ》り高き善性《ぜんせい》を見出《みいだ》すのは、私だけではあるまい。

行政による「公助《こうじょ》」は、当然、復興支援の大動脈《だいどうみゃく》である。とともに、地域共同体による「共助《きょうじょ》」が、最前線の現場にあって、隅々《すみずみ》にまで手を差し伸《の》べ、人々を救う命脈《めいみゃく》となることを銘記《めいき》したい。

被災地で復興への努力が続くなか、「心のケア」がますます重要となっている。その意味においても、常日頃《つねひごろ》から、草の根のレベルで、一人一人を大切にし、相手の心の声に耳を傾《かたむ》け、励まし合う庶民の連帯にこそ、不慮《ふりょ》の災害にも崩《くず》れぬ人間の安全保障の起点があるといっても、決して過言《かごん》ではあるまい。

大災害への応戦《おうせん》は、まさしく「悲劇からの価値創造」である。そのためには、人間の幸福に対する価値観の深化《しんか》が欠かせないであろう。それは、エネルギー政策も含めた人類の未来像にも影響《えいきょう》を与えるに違いない。

あのチェルノブイリ原発《げんぱつ》事故（一九八六年）は、人類に多くの教訓を投げかけている。今回の福島の原発《げんぱつ》事故もまた、世界に大きな衝撃《しょうげき》を与えた。

今後の具体的《ぐたいてき》な選択《せんたく》は、それぞれの国で多岐《たき》にわたるであろうが、再生《さいせい》可能エネルギーの積極的な導入《どうにゅう》や、一層の省《しょう》エネルギー化を図《はか》るための技術開発や資源の節約など、新たな歴史の潮流《ちょうりゅう》が生まれていることは確かだ。

そこには、持続可能な社会の建設へ、人間の欲望の肥大化《ひだいか》を抑《おさ》え、聡明《そうめい》にコントロールし、昇華《しょうか》させゆく価値観の確立《かくりつ》が強く要請《ようせい》されている。

「生活の復興《ふっこう》」「社会の復興」「文明の復興」、そして、その一切を支え、基盤となる「人間の心の力強い復興」に向けて、私たちは、いやまして衆知《しゅうち》を結集し雄々《おお》しく応戦《おうせん》していきたい。

＊1　アーノルド・J・トインビー『試練に立つ文明（全）』深瀬基寛訳、社会思想社

下野《しもつけ》の大地に昇《のぼ》る「平和の文化」の太陽

【下野新聞】２０１１年10月13日

「心に太陽を持て。／あらしが　ふこうと、／ふぶきが　こようと」*1

栃木県出身の作家・山本有三翁《ゆうぞうおう》は、名作『心に太陽を持て』の冒頭に、ドイツの力強い詩を掲《かか》げている。

大震災、また大型台風と、本年（二〇一一年）は自然の猛威《もうい》が相次《あいつ》いだ。〝災害に強い県〟といわれる栃木の方々も、ご苦労の連続であるに違いない。

そのなかで、東北の被災者《ひさいしゃ》の方々を迎え入れ、真心の支援を重《かさ》ねてこられた。ここにも、栃木ならではの温《あたた》かな人情が光っている。

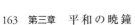

下野《しもつけ》の先人《せんじん》が呼びかけるように、今こそ「心の太陽」を輝かせ、皆で支え合う、安心と平和の社会をと願うのは、私一人ではあるまい。

今月、「平和の文化と女性」展が宇都宮《うつのみや》市で開催される。(二〇一一年十月二十八日～三十一日、宇都宮・マロニエプラザ)

「平和の文化」とは何か。同展の監修者である〝平和研究の母〟エリース・ボールディング博士は、分かりやすく「思いやりと尊敬にみちた人間の生き方」と言われていた。

それは特別なことではない。一人の人を大切にし、生命を慈《いつく》しむことである。互《たが》いを敬《うやま》い、学び合い、仲良く励まし合って、価値を創造していくことである。その最大の担《にな》い手こそ、元初《がんじょ》の太陽たる女性たちであろう。

悠久《ゆうきゅう》の歴史を誇《ほこ》る「結城紬《ゆうきつむぎ》」が、昨年(二〇一〇年)、ユネスコ(国連教育科学文化機関)の無形《むけい》文化遺産《いさん》に登録された。「結城三代」と言われ、親から子へ、

1990.6　栃木・那須町

孫《まご》へと受け継《つ》がれて愛用されるほど、丈夫《じょうぶ》であり、着心地《きごこち》がよい。この手作りの技《わざ》を守り抜いてきたのも、着る人を思いやり、労苦を惜《お》しまない母たちの心であろう。

慶応元年(一八六五年)、結城紬《ゆうきつむぎ》の「縞織《しまおり》」に加え、初めて「絣《かすり》」が織《お》られたのも、小山《おやま》の二人の女性の創意工夫《そういくふう》による。

人を傷《きず》つける武器が「戦争の文化」の象徴《しょうちょう》ならば、人を喜ばせる結城紬は「平和の文化」の象徴である。

日本の軍国主義と対決し、二年間の投獄を戦い抜いた私の師には、人柄《ひとがら》の良い栃木の友人が多かった。戦後、いち早く足を運んだのも、那須高原《なすこうげん》の農村であった。平和への復興《ふっこう》を願い、生命尊厳《そんげん》の哲学を学ぶ、庶民の座談会を開始したのである。

恩師と同じく、私も妻も、誠実な栃木の方々との友情を人生の宝《たから》としている。

――栃木市のある婦人は、五歳で母を亡《な》くされた。一家は離散《りさん》し、親戚《しんせき》に転々《てんてん》と預《あず》けられた。しかし、「冬は必ず春となる」という希望を胸に、人の痛《いた》みを思いやり、励ませる女性として心を磨《みが》いてきた。

今、地域では、障《しょう》がい者《しゃ》の授産《じゅさん》施設の評議員や、近所の清掃を進める衛生班長を務《つと》め、ボランティア活動に尊《とうと》い汗《あせ》を流されている。

さらに、市と姉妹交流を結《むす》ぶ、中国やアメリカからの訪問団や留学生のホームステイも受け入れるなど、お子さんやお孫さん方と共《とも》に、平和の未来へ、草の根の心の交流を、楽しく爽《さわ》やかに積《つ》み重《かさ》ねておられる。

「下野《しもつけ》」という言葉には、何ともいえぬ逞《たくま》しい響《ひび》きがある。仏法でも、濁《じょく》世《せ》にあって人々のために奮闘《ふんとう》する菩薩《ぼさつ》は、大地の下方《かほう》から勇《いさ》んで躍《おど》り出ると説かれる。

民衆の沃野《よくや》から湧《わ》き起こる勇敢《ゆうかん》な自発《じはつ》の運動こそ、最も尊《とうと》く、最も強い。

今年（二〇一一年）も、全国模範《もはん》の栃木県芸術祭が、地域に根差《ねざ》して多彩《たさい》に開催されている。戦後まもなく、「明るく朗《ほが》らかでうるおいのある生活を」との願いから始められた、民衆文化の貴重な祭典である。

懐《なつ》かしき小山《おやま》市には、「平和」と書いて「ひらわ」と呼ばれる地名がある。豊《ゆた》かに開《ひら》かれゆく田園地帯で、地域の〝人の和《わ》〟も麗《うるわ》しい。復興《ふっこう》の大動脈《だいどうみゃく》である東北新幹線は、我らの栃木の「平和《ひらわ》」を通って南北を結《むす》ぶ。

日本の不屈《ふくつ》の前進へ、愛する下野《しもつけ》の大地から、嵐にも吹雪《ふぶき》にも負けぬ「平和の文化」の太陽が昇《のぼ》りゆくことを、私は祈ってやまない。

＊1　フライシュレン「心に太陽を持て」、山本有三編著『心に太陽を持て』所収、ポプラ社

共生《きょうせい》の理想郷・シマネ（島根）

【山陰中央新報】２０１４年３月６日

大好きな島根は、空が光り、海が光り、人の心も光り輝く天地です。清々《すがすが》しき島根の友と明日への夢を語り合った、あの日この日が蘇《よみがえ》ります。宍道湖《しんじこ》を染《そ》める夕日を「夢のなかに差《さ》す光*1」と讃《たた》えたのは、小泉八雲《やくも》（ラフカディオ・ハーン）です。八雲は「大地のよろこびと美《び》とを感じる*2」山陰《さんいん》の人々の心を敬愛《けいあい》していました。

人と自然が調和する島根で「わたしと地球の環境展」が開催されます。（二〇一四年三月七日〜十二日、松江《まつえ》テルサ）。同展は、国連が定める「持続可能な開発のための教育（ESD）の十年」「生物多様性《たようせい》の十年」を支援する催《もよお》しとして、二〇一一年（平成二十三年）から全国各地を巡回《じゅんかい》してきました。

近年、頻発《ひんぱつ》する異常気象《きしょう》やPM2・5による大気汚染《おせん》など環境問題が憂慮《ゆうりょ》されるなか、日本の故郷《こきょう》・島根から地球の未来を照らす機会になればと願っています。

島根は、日本のみならず地球の宝土《ほうど》「シマネ」です。隠岐《おき》は近年、世界ジオパーク（大地の公園）に認定されました。中海《なかうみ》と宍道《しんじ》湖《こ》は、国際的に重要な湿地《しっち》として、ラムサール条約に登録されています。大田《おおだ》市の三瓶《さんべ》小豆原埋没林《あずきはらまいぼつりん》は、縄文《じょうもん》時代からの太古《たいこ》の森です。

国連で「平和の文化」の創造に尽力《じんりょく》されてきたチョウドリ元事務次長（バングラデシュ出身）は、島根での心通《こころかよ》う友との交流を宝《たから》の思い出としています。氏は「私たちの惑星《わくせい》のために共《とも》に貢献《こうけん》を」と、一貫《いっかん》して呼びかけてきました。

まさしく島根には、この心が深く脈打《みゃくう》っています。

県では「しまね地球温暖化《おんだんか》防止活動大賞」を実施して、先進的な実績のあった家庭、事業者、学校を表彰してきました。

松江《まつえ》市では、多くの市民が力《ちから》を合わせて環境フェスティバルを行《おこな》い、楽しく学べる広場を創《つく》っています。

国際保護鳥である朱鷺《とき》の飼育《しいく》・繁殖《はんしょく》を進めてきたのは、環境先進都市の誇《ほこ》り高き出雲《いずも》市です。

山陰中央新報社においても、「地域との共動《きょうどう》」を標榜《ひょうぼう》し、模範《もはん》の貢献を示されてきました。

私の妻が知る津和野町《つわのちょう》の母は、地域の婦人会のリーダーとして、エコバッグの普及《ふきゅう》や資源ゴミ回収の改善など努力を重《かさ》ねています。

東京から夫の郷里《きょうり》に越《こ》してきて、環境問題に取り組んできたことは、ご近所の仲間と連帯を強め、幸光《さち》る「ふるさと」をつくる挑戦でもあったようです。

仏典《ぶってん》の譬《たと》えに「人のために光を灯《とも》せば、自分の前も明るくなる」とあります。

光は惜《お》しみなく皆を照らします。一隅《いちぐう》であっても、人のため、環境のために尽《つ》くした献身《けんしん》の光は、わが生命を輝かせ、希望の前途《ぜんと》を明るく開《ひら》いてくれます。

島根県では、県外の人が豊《ゆた》かな自然と人情のなかで、農林水産業や伝統工芸、介護《かいご》などを体験する研修も行《おこな》われていると伺《うかが》いました。

体験は力《ちから》です。「わたしと地球の環境展」では、自《みずか》ら自転車をこいだエネルギーで発電するコーナー等が人気を呼んでいます。

日本一の清流《せいりゅう》と謳《うた》われる高津川《たかつがわ》の水源・吉賀町《よしかちょう》で、コウヤマキの自生林《じせいりん》を

国連のチョウドリ事務次長（当時）と会談（2006.8　東京・八王子市）

長年、守り抜いてきた私の友人がいます。父をはじめ先人《せんじん》が険《けわ》しい山道を踏《ふ》み固《かた》めて保全《ほぜん》した宝《たから》の木々を、断《だん》じて未来の世代へ伝え託《たく》すと心に決め、たゆまず山に登り続けてきました。

尊《とうと》き郷土愛《きょうどあい》に育《はぐく》まれた吉賀町《よしかちょう》のコウヤマキ――美しい狭円錐形《きょうえんすいけい》をしたその樹形《じゅけい》がデザインの源《みなもと》となり、世界一の東京スカイツリーとして聳《そび》え立ったことは、実《じつ》に爽快《そうかい》な晴れ姿です。

「目に見えるものでも、見えないものでも、遠くに住むものでも、近くに住むものでも、すでに生まれたものでも、これから生まれようと欲《ほっ》するものでも、一切の生きとし生けるものは、幸せであれ」*3

これは、「慈《いつく》しみ」と題された釈尊《しゃくそん》の言葉であり、島根が生んだ大学者・中村元《はじめ》博士による名訳です。

「慈しみ」の心の光は、あらゆる生命、未来の生命にまで注《そそ》がれていきます。

ここにこそ、「持続可能な地球社会」を創造する光源《こうげん》があるといえましょう。

三十年前（一九八四年）、私は鳥取、島根を訪《おとず》れ、山陰《さんいん》に満《み》つる光に感嘆《かんたん》を込《こ》め、「山光《さんこう》」という愛称を提案しました。

世界の憧《あこが》れ山光、そして共生《きょうせい》の理想郷《りそうきょう》「シマネ」から、喜びあふれる希望の大光《たいこう》がいやまして輝きわたることを、私は深く念願します。

＊1　小泉八雲著、平川祐弘編『神々の国の首都』講談社
＊2　小泉八雲著、平川祐弘編『日本の心』講談社
＊3　『ブッダのことば』中村元訳、岩波文庫

岡山を　地球守《まも》る源泉《げんせん》に

【山陽新聞】２０１４年10月８日

未来は変えられる。

種《たね》を蒔《ま》き、大切に育てていく人がいる限り、必ずや未来に希望は実《みの》る。

先月（二〇一四年九月）、ニューヨークの国連本部で、各国の首脳らが集《つど》う「気候サミット」が行《おこな》われた。

大規模な干《かん》ばつ、猛烈《もうれつ》な熱波《ねっぱ》、また一年分の降雨《こうう》が一カ月に集中する豪《ごう》雨《う》……。世界気象《きしょう》機関がサミットのために制作した「二〇五〇年の天気予報」の様相《ようそう》だが、その予兆《よちょう》ともいうべき異常気象が今、頻発《ひんぱつ》している。

日本でも今夏、集中豪雨が相次《あいつ》いだ。特に広島県では、甚大《じんだい》な土砂《どしゃ》災害で多くの方々が犠牲《ぎせい》になられた。

あらためて、ご冥福《めいふく》を心よりお祈り申し上げるとともに、一日も早い復《ふっ》旧《きゅう》を、切《せつ》に願ってやまない。

国連でのサミットでは、異常気象による被害を最小限に食い止め、復興《ふっこう》を力強く進めるための地域や社会の「回復力《かいふくりょく》（レジリエンス）」の重要性が、一つの焦点《しょうてん》となった。

大事なのは、いかなる試練に直面しても、互《たが》いに支え合い、励まし合って、新たな一歩を踏《ふ》み出す力《ちから》である。

人間と人間の心の絆《きずな》こそが、その力を高め、困難な課題に立ち向かう勇気の源泉《げんせん》となり、地域の未来を照らす光となろう。

「もう駄目《だめ》だ、と絶望してしまってはそれきりではないか。そこをつききることこそ私の生甲斐《いきがい》ではないか」*1

これは、岡山出身の精神科医で、ハンセン病患者のために献身《けんしん》された、神谷美恵子《かみやみえこ》さんの言葉である。

言い知れぬ苦しみや孤独《こどく》のなかにあって、人は「陽《ひ》の光」からも「木《こ》の葉のさやぎ」からも励ましを感じられると、自身も病《やまい》と闘い抜いた彼女は綴《つづ》った。*2

陽光《ようこう》まばゆい瀬戸内海《せとないかい》や緑豊《ゆた》かな吉備《きび》の大地の自然の恵《めぐ》みには、まさしく人を励まし、心に希望を灯《とも》す生命力が宿《やど》っている。

南アフリカ共和国の人権の巨人・マンデラ元大統領も、二十七年半の投《とう》獄《ごく》の間《あいだ》、母や子を続けて失い、悲しみに打ちひしがれた時があった。しかし、刑務所内に畑を作る許可を得て、農作物の栽培《さいばい》などに励むなかで、生きる誇《ほこ》りを保《たも》ち続けたという。

出獄後、初来日されたマンデラ氏を、私は青年たちと歓迎し、語り合った（一九九〇年十月）。

「すべての人々の尊厳が輝く社会」を創《つく》るには、社会に貢献《こうけん》する志《こころざし》を受け継《つ》ぐ若人《わこうど》を大樹《たいじゅ》と育て、人材の森を広げる必要がある——と。

「持続可能な地球社会」の建設を目指《めざ》す上での最大の鍵《かぎ》も、「教育」であろう。

かけがえのない自然と生態系《せいたいけい》を守り、資源浪費型《しげんろうひがた》社会から循環《じゅんかん》型社会へと転換していくには、生命を慈《いつく》しんで尊重《そんちょう》し合う心を皆で育《はぐく》み、その草の根の連帯を次世代へと託《たく》していかねばならない。

この喫緊《きっきん》の課題に、地域で一丸《いちがん》となって先駆的《せんくてき》な挑戦を続けてこられたのが、「晴れの国」岡山である。

国連の「持続可能な開発のための教育（ＥＳＤ）の十年」がスタートした二〇〇五年に、岡山は「ＥＳＤの地域拠点」に世界で初めて認定された。以来、岡山市域では、環境保全《ほぜん》活動など、持続可能な社会づくりを自主的に推進する輪が広がり、貴重な実績が注目を集めてきた。

なかでも、市内三十七カ所のすべての公民館を舞台に、異《こと》なる世代が交流し進められてきた多彩《たさい》な活動は、郷土《きょうど》の歴史文化の再発見と継承《けいしょう》や、在住外国人の方々と共《とも》に学ぶ防災など、力《ちから》を合わせて課題に挑戦する大きな流れを生み出してこられた。

その潮流《ちょうりゅう》を紹介した山陽新聞の連載では、わが子の発達障害《しょうがい》で悩《なや》まれる親御《おやご》さん方が孤立《こりつ》しないよう、支え合える居場所《いばしょ》づくりの取り組みも報じられていた。

努力を積《つ》み重《かさ》ねるなかで、「かつて『支えられる側《がわ》』だった母親が『支える側』として継続的《けいぞくてき》に参加し〝後輩〟たちに自《みずか》らの経験を伝え、励ましている」ともあった。

一人一人の「エンパワーメント（内発的な力の開花）」は、何と計《はか》り知れない

1994.11　岡山・倉敷市

可能性を秘《ひ》めていることか。

あす九日（二〇一四年十月）から岡山で開幕する「ＥＳＤ推進のための公民館――ＣＬＣ国際会議」では、エンパワーメント、環境保全《ほぜん》、防災・減災《げんさい》など七つのテーマをめぐって、意見交換や経験の共有《きょうゆう》が図《はか》られると伺《うかが》った。大きな成功を心からお祈り申し上げたい。

持続可能な社会を創造するには、経済のあり方やエネルギー問題を見つめ直《なお》すとともに、人々が誇《ほこ》りをもって主体的に行動する流れを、たゆまず強めていくことが不可欠《ふかけつ》となる。

瀬戸内《せとうち》市のある婦人は、長年、地域の友と、廃油《はいゆ》せっけん作りを学び合い、衣服のリサイクルにも挑《いど》んできた。孫《まご》たちの世代へ美しき街《まち》を、との清々《すがすが》しい心と知恵が光る。

世界的な環境学者で、ローマクラブ共同会長であるヴァイツゼッカー博士と私は、対談で深く一致した。

それは、「近隣《きんりん》の人々と協働《きょうどう》して環境問題に取り組むなかで得られる『充足《じゅうそく》』が、人生の向上の糧《かて》となり、市民運動の継続性《けいぞくせい》の土台を築いていく[*3]」という一点である。

実《みの》りの秋たけなわの来月（十一月）半《なか》ばまで、ＥＳＤに関連した各種の国際会議が行《おこな》われる岡山こそ、その市民運動の充実のモデルを、世界へ示しゆかれる宝土《ほうど》である。

私たちの地球の未来を守るため、「環境立県」そして「教育立県」岡山から、二〇五〇年の危機の予測を軌道修正《きどうしゅうせい》していく〝希望の変革の波動《はどう》〟が、幾重《いくえ》にも広がることを期待したい。

＊1　神谷美恵子『神谷美恵子日記』角川書店
＊2　神谷美恵子『生きがいについて』みすず書房、参照。
＊3　エルンスト・Ｕ・フォン・ヴァイツゼッカー／池田大作『地球革命への挑戦』潮出版社

詩情豊《しじょうゆた》かな讃岐《さぬき》から宇宙の妙《たえ》なるロマンを

【四国新聞】２０１５年６月１日

懐《なつ》かしい『竹取物語』で、かぐや姫は「讃岐造《さぬきのみやつこ》」と呼ばれる翁《おきな》と、嫗《おうな》に育《はぐく》まれました。詩情豊《しじょうゆた》かな詩国《しこく》・讃岐の香川県では、今も、かぐや姫にちなんだ催《もよお》しが行《おこな》われると伺《うかが》いました。

「かぐや」とは「輝く」であり、この姫のいる所、喜びの光が広がります。さかのぼれば、人の体の元素《げんそ》は、大宇宙の星々のかけらからできています。私には、子どもたちの命《いのち》は、星の光を帯《お》びて、地球に生まれてくるように思えてなりません。どの子も、未来を明るく照らしてくれる宝《たから》だからです。そ

女性初の宇宙飛行士テレシコワさんと再会（1987.5　モスクワ市）

の命《いのち》の輝きを大事に育《はぐく》むのが、私たち大人の責務でしょう。

満月の日・六月三日（二〇一五年）より七日まで、高松市のサンメッセ香川で「わたしと宇宙展」が開催されます。

現代の「讃岐造《さぬきのみやつこ》」たる香川の父母《ちちはは》と、「かぐや」の命の若人《わこうど》に、宇宙の妙《たえ》なるロマンの光彩《こうさい》を楽しく感じ取っていただく機会となれば、うれしい限りです。


宇宙展では、人類初の月面着陸《げつめんちゃくりく》（アポロ計画）の際に持ち帰った「月の石」や、月面車などのレプリカ等々も展示されます。

私は、明治の世《よ》に一世紀後の月旅行を展望していた志国《しこく》・讃岐の大志《たいし》の先人《せんじん》を思い起こすのです。讃岐鉄道、四国新道を開設し、四国と本州の架橋《かきょう》を提唱した大久保諶之丞《じんのじょう》（現・三豊《みとよ》市出身）その人です。

香川用水も構想した、この先覚者《せんかくしゃ》は、嘲笑《ちょうしょう》に屈《くっ》せず謳《うた》い上げました。

「笑《わら》わしゃんすな　百年先は　財田《さいた》の山から　川舟出《かわぶねだ》して　月の世界へ往来《ゆきき》する」*1と。

宇宙にまで飛び出していくほどの気概《きがい》で、困難な大事業に挑《いど》んだのです。ともに、その胸には、愛情豊《ゆた》かに育んでくれた乳母《うば》など郷土《きょうど》の人々への恩《おん》返《がえ》しの心があふれていたといいます。

宇宙を友とする大いなる志《こころざし》と、人間の絆《きずな》を大切にする深き志。いずれも香川の大地に熱《あつ》く受け継《つ》がれてきたといってよいでしょう。

江戸時代、高松藩の天文測量方《てんもんそくりょうがた》だった久米通賢《くめみちかた》(現・東かがわ市出身)は、自《みずか》ら天体望遠鏡《ぼうえんきょう》「星眼鏡《せいがんきょう》」や、航海用の天体高度測定《そくてい》器具「ヲクタントフ」を製作。月食、日食、彗星《すいせい》の観測を行《おこな》った偉業で知られます。

そうした進取《しんしゅ》の探究《たんきゅう》は、香川大学が推進してきた衛星開発プロジェクト「STARS」など、若き知性によって継承《けいしょう》され、天高く飛翔《ひしょう》を遂《と》げています。

隕石《いんせき》で知られる国分寺町《こくぶんじちょう》（高松市内）を拠点に、日本宇宙少年団の尊《とうと》い活動も活発です。

さぬき市では、画期的《かっきてき》な天体望遠鏡《ぼうえんきょう》博物館の計画が進められています。

「宇宙教育」は、挑戦の勇気も贈ってくれます。

私が親しく語り合った、女性初の宇宙飛行士テレシコワさんは言われました。

「夢に向かって全身全霊《ぜんれい》でぶつかっていけば、必ず実現できると信じます」

一九七八年（昭和五十三年）の冬、私は青年たちと庵治町《あじちょう》（現・高松市内）で、瀬戸《せと》の天空を鮮烈《せんれつ》に走る流星《りゅうせい》を仰《あお》いだ思い出があります。四国新聞では、「酷寒《こっかん》の夜空に火球《かきゅう》」と報じられた大きな流星の一つでした。

「日月《にちがつ》・衆星《しゅうせい》も己心《こしん》にあり」とは、青年と共《とも》に学び合った先哲《せんてつ》の至言《しげん》です。

天座《てんざ》の光は、私たちに内なる情熱の太陽を、英知の月光を、希望の星を輝かせゆくことを呼びかけます。そして天体の精確《せいかく》な調和ある運行は、人類がたゆまず仲良く平和と共生《きょうせい》の軌道《きどう》を進みゆくことを促《うなが》します。

この宇宙展を機《き》に、愛する讃岐《さぬき》の天地から、輝く生命の讃歌《さんか》が一段と轟《とどろ》くことを私は祈っています。

＊1　四国新聞社編『讃岐人物風景11―明治の巨星たち』丸山学芸図書

災害救援《きゅうえん》協力を通し
レジリエンスを構築

【ジャパンタイムズ】２０１４年３月７日

東日本大震災（二〇一一年）から、まもなく三年が過《す》ぎる。あまりにも多くの人々が、一瞬にして愛する家族を失い、家を流され、避《ひ》難《なん》生活を強《し》いられてきた。地震や津波によって犠牲《ぎせい》となられた方々に対し、あらためてご冥福《めいふく》をお祈り申し上げます。私たちは被災地《ひさいち》の本格的な復興《ふっこう》のため、引き続き行動を続けてまいりたい。

近年、このような災害に加えて、異常気象《きしょう》に伴《ともな》う被害が深刻化《しんこくか》している。

昨年（二〇一三年）だけでも、過去最大級の猛烈《もうれつ》な台風がフィリピンを襲《おそ》ったほか、ヨーロッパ中部やインドなどが豪雨《ごうう》による洪水《こうずい》に見舞《みま》われた。今年に入ってからも世界各地で記録的な寒波や豪雪が相次《あいつ》いでいる。

こうしたなか、異常気象などの気候変動《きこうへんどう》に伴う問題を〝安全保障上の脅威《きょうい》〟として受け止める国が増加しており、その数は少なくとも百十カ国にのぼるといわれる。これまで多くの国が、気候変動を〝環境問題の一つ〟と捉《とら》え、経済成長と比《くら》べて低い優先順位に置いてきたが、ここ数年の間《あいだ》に認識が変わってきた。

そこで私が提案したいのは、国連気候変動枠組《わくぐみ》条約によるグローバルな規模《きぼ》での対応策と並行《へいこう》する形で、アジアやアフリカなどの各地域で、災害や異常気象による被害を軽減《けいげん》し、復興を成し遂《と》げるための「レジリエンス」の力《ちから》を強化する協力体制を整備することである。

「レジリエンス」は元来、物理学の分野で、外から力《ちから》を加えられた物質が元《もと》の状態に戻ろうとする〝弾性《だんせい》〟を表《あらわ》す用語であり、その働きを敷衍《ふえん》する形で、環境破壊や経済危機のような深刻《しんこく》な外的ショックに対して〝社会を回復《かいふく》する力〟の意味合いでも用《もち》いられるなど、さまざまな分野で注目を集めている概念《がいねん》である。

災害の分野においては、防災や減災《げんさい》のように「抵抗力《ていこうりょく》」を強め、被害の拡大を抑《おさ》えていく努力と併《あわ》せて、甚大《じんだい》な被害に見舞《みま》われた場合でも、困難な状況を一つ一つ乗り越えながら、復興《ふっこう》に向けて進む「回復力」を高めることを重視する考え方であるといえよう。

災害や異常気象《きしょう》への対応は、「事前《じぜん》の備《そな》え」「被災時《ひさいじ》の救援《きゅうえん》」「復旧《ふっきゅう》・復興」の三本柱からなるが、このうち被災時の救援は、各国から支援が寄せられる場合が少なくないものの、残りの二つの分野における国際協力に関しては、より一層の拡充《かくじゅう》が必要となっている。

私は、その拡充を図《はか》るにあたって、近隣諸国《きんりんしょこく》間の協力を基盤にすることが望ましいと考える。なぜなら、被災直後の救援とは違って、「事前の備え」と「復旧・復興」には息の長い協力が必要なだけに、近隣国の間《あいだ》で助け合うことは無理が少ないだけでなく、地理的に近い関係であればこそ、自国にいつ襲《おそ》いかかるかもしれない異常気象に関する教訓や備えを共有《きょうゆう》する意味が重《おも》みを増すからだ。

こうした災害や異常気象に関する協力が軌道《きどう》に乗れば、それだけでも大きな意義があるが、それ以上の計《はか》り知れない価値を地域全体にもたらす可能性を秘《ひ》めていることも、私は提起したい。それは、近隣諸国間における安全保障のあり方を転換させる可能性である。

災害や異常気象は、どの国にとっても、いつ降《ふ》りかかるか分からない性質のもので、被災《ひさい》直後に多くの国が救援《きゅうえん》に駆けつけ、支援を厭《いと》わないように、まさに〝被災した時はお互《たが》いさま〟という、国と国との垣根《かきね》を越えた「同《どう》苦《く》」と「連帯」の地平《ちへい》を開《ひら》くものだからだ。

実際、このような防災面での安全保障を高めることは、軍事力を強化する場合に生じる「安全保障のジレンマ」――ある国が軍備を増強すると、他の国が脅威《きょうい》と受け止めて対抗措置《たいこうそち》をとるといったように、軍拡がさらなる軍拡を呼び、かえって不安や緊張が増すという負《ふ》の連鎖《れんさ》に拍車《はくしゃ》がかかる状況――を招《まね》く恐《おそ》れがない。

加えて、この分野で必要とされるような知識や情報、技術やノウハウは、従来の軍事的な安全保障で優先される情報保全《ほぜん》とは違って、各国の間《あいだ》で共有《きょうゆう》されてこそ、より大きな価値を発揮《はっき》することができるものだ。

私は、この地域間協力の先鞭《せんべん》を、災害による被害が最も深刻《しんこく》であるアジア地域がつけ、世界の他の地域にも「レジリエンス強化と復興《ふっこう》支援の協力の輪」を広げる流れをつくりだすことを呼びかけたい。

その基盤は既《すで》に存在している。ASEAN《アセアン》の国々に加えて、日本や中国、韓国や北朝鮮などが参加する「ASEAN地域フォーラム（ARF）」が、安全保障に関する優先課題の一つとして「災害救援」を掲《かか》げ、協力のあり方を定期的に検討する枠組《わくぐ》みができている。

注目すべきは、ARFの活動の一環《いっかん》として、「災害救援」をテーマにした多国間の実動演習《じつどうえんしゅう》が、これまで三回実施され、文民《ぶんみん》主導・軍支援のコンセプトの下《もと》、医療《いりょう》部隊や防疫《ぼうえき》部隊、給水（浄水）部隊なども参加しての合同訓練が行《おこな》われてきたことだ。

そこで私は、これまでのARFでの実績などをベースに「アジア復興レジリエンス協定」を締結《ていけつ》することを提案したい。

そして、アジア地域での防災協力《ぼうさいきょうりょく》の先行《せんこう》モデルを構築するために、日本と中国と韓国が、地方自治体の姉妹交流を機軸《きじく》にしたレジリエンスの強化に積極的に取り組むことを提唱したい。

現在、日本と中国との間《あいだ》には三百五十四、日本と韓国の間には百五十一、中国と韓国の間には百四十九もの姉妹交流が結《むす》ばれている。

こうした基盤の上に、各自治体間で青年を中心とした防災や減災《げんさい》を含《ふく》むレジリエンス強化のための交流を進めていけば、「友好と信頼の絆《きずな》」は、より堅固《けんご》になるに違いない。そしてその各自治体間の交流と協力という国家の垣《かき》根《ね》を越えた「行動の連帯」の拡大は、地域の安定をもたらすのみならず、地球的規模《きぼ》の「平和的共存《きょうそん》」の広がりへと連動していくのではないだろうか。

隣国《りんごく》との友好を誠実に築く努力なくして、世界平和をどれだけ展望してても、画竜点睛《がりょうてんせい》を欠くことになってしまう。災害時に相身互《あいみたが》いで支援してきたような精神こそ、隣国同士の関係の礎《いしずえ》に据《す》えるべきだ。

アジアのみならず世界に新たな価値創造の息吹《いぶき》をもたらすこの挑戦に着《ちゃく》手《しゅ》すべく、「日中韓の首脳会談」を開催し、喫緊《きっきん》の課題である環境分野での協力も含めて、対話を促進《そくしん》することを強く望《のぞ》みたい。

そして、来年（二〇一五年）三月に仙台で行《おこな》われる「第三回国連防災世界会議」を契機《けいき》に、どのような協力を具体的に進めるかについての協議を本格化させることを、呼びかけたい。

池田大作（いけだ・だいさく）

創価学会名誉会長／創価学会インタナショナル（SGI）会長
1928年、東京都生まれ。創価大学、アメリカ創価大学、創価学園、民主音楽協会、東京富士美術館、東洋哲学研究所、戸田記念国際平和研究所などを創立。世界平和を希求する仏法者として、これまで54カ国・地域を訪問。ハーバード大学、モスクワ大学、北京大学、フランス学士院、中国社会科学院等の学術機関での講演や各国の識者との対話を重ねてきた。著書に『人間革命』（全12巻）、『新・人間革命』（現27巻）など。対談集に『二十一世紀への対話』（A・J・トインビー）、『二十世紀の精神の教訓』（M・S・ゴルバチョフ）、『地球平和への探究』（J・ロートブラット）、『対話の文明』（ドゥ・ウェイミン）、『希望の教育　平和の行進』（V・ハーディング）など多数。

随筆
希望の創生　地域の未来を拓く智慧

二〇一六年二月十一日　初版第一刷発行

著　者　池田大作
発行者　大島光明
発行所　株式会社　鳳書院
〒一〇一-〇〇六一　東京都千代田区三崎町二-八-一二
電話　〇三-三二六四-三一六八（代表）
印刷・製本所　藤原印刷株式会社

ISBN978-4-87122-187-0